MEJORE SU TÉCNICA
DE PIANO

Redbook
ediciones

John Meffen

MEJORE SU TÉCNICA
DE PIANO

Traducción de Francisco Murcia
(editor especializado en temas musicales)

MA
NON
TROPPO

© 2015, John Meffen

© 2015, Redbook Ediciones, s. l., Barcelona.

Título original: *Improve Your Piano Playing*.

Diseño de cubierta: Regina Richling.

Ilustración de cubierta: iStockphoto

Diseño interior: Cifra, s.l.

ISBN: 978-84-15256-83-0

Depósito legal: B-23.951-2015

Impreso por Sagrafic, Plaza Urquinaona, 14 7º 3ª, 08010 Barcelona

Impreso en España - *Printed in Spain*

Índice

Agradecimientos 9

Introducción 11

1. Su piano 13

2. Aproximación general 27

3. Métodos para prevenir y corregir errores 33

4. La digitación 45

5. El ataque 61

6. El sonido 85

7. Las frases 103

8. Los pedales 111

9. Aprender una pieza nueva 121

Agradecimientos

El comentario «de lo que estás hablando es de facilitar la sinopsis», de mi antiguo alumno y amigo, el doctor Mavis Taylor, fue lo que me hizo pensar y leer acerca del funcionamiento de la mente —no tan sólo el de los músculos—, en relación con la técnica de piano. Este libro es el resultado directo de ese comentario afortunado.

Estoy en profunda deuda con Sir James Beament, quien durante muchos años fue el jefe del departamento de biología aplicada de la universidad de Cambridge, por la lectura de varios capítulos del libro. Sus sugerencias y consejos me ayudaron tanto a aclarar en muchos aspectos mi pensamiento como a poner al día mi información.

Mis agradecimientos a Mike Frankton, quien realizó con gran profesionalidad la labor de colocar la notación musical que aparece a lo largo del texto.

Muchas gracias también a mi mujer, Kathleen, quien aun gravemente abandonada en favor de unos libros, un piano y un ordenador, se ofreció a dibujar las excelentes ilustraciones que tanto realzan el texto, y unos dibujos que aportan al libro un toque humorístico.

También me gustaría expresar mi agradecimiento a Cassandra Birmingham, la editora de Elliot Right Way Books, quien manejó los problemas con pulso firme e hizo muchas sugerencias provechosas a lo largo de todo el proceso editorial.

Finalmente, quisiera dar las gracias a mis numerosos alumnos, quienes durante años me han hecho pensar en modos de recluir las dificultades de tocar el piano en mi mente y, ojalá haya sido así, no implantarlas en ellos.

Preguntas de final de capítulo

Todos los capítulos del libro acaban con una serie de preguntas, que deberían poder ser contestadas tras una relectura del capítulo en cuestión.

Introducción

«El profesor de música venía dos veces por semana para intentar tender un puente sobre el tremendo hueco que había entre Dorothy y Chopin.» Mi tarea, no tan desalentadora como la de este chiste de George Ade, es tender un puente sobre otro tremendo hueco musical. Hay muchos libros de música, historia de la música, apreciación musical (sea esto lo que sea), armonía, contrapunto, formas musicales y semejantes, y también muchos sobre técnica pianística; pero resultan muy difíciles de encontrar explicaciones acerca de cómo estos dos aspectos (conocimiento musical general e información específica sobre cómo tocar el piano) pueden ser reconciliados. Este es el hueco que espero llenar.

Hay muchas versiones de la siguiente anécdota; la contaré tal y como la oí por vez primera: un joven músico viaja hasta Londres para asistir a un concierto. Al salir de la estación de King's Cross, un tanto desconcertado por el gentío y no sabiendo qué camino tomar, se acerca a un caballero, cuya cara le resultaba familiar, y le preguntó: «¿Podría indicarme el mejor modo de llegar al Albert Hall?». La respuesta fue sorprendente: «Practicar, joven, practicar». Aquel rostro familiar pertenecía a Louis Armstrong. Como músicos, estamos acostumbrados a que nos digan constantemente «practica esto» o «practica aquello», a no olvidarnos de practicar o a no escatimar tiempo para la práctica. Pero se ha hecho más daño en el nombre de la práctica que por cualquier otra actividad musical. Todos saben que practicar es necesario, pero sólo unos pocos saben cómo hacerlo.

La esencia de la pérdida de tiempo practicando está resumida en la comunísima admonición «Está mal, hazlo de nuevo». Si algo está mal, el peor proceder posible es «hacerlo de nuevo». Implica la esperanza de que en la próxima ocasión, por algún milagro, saldrá bien. Si ocurre así, normalmente es más una cuestión de suerte que de planificación, y la suerte es algo difícil de mantener. Si está mal, se deben tomar inmediatamente medidas activas y positivas para garantizar que la próxima vez estará bien. Si no es así y permitimos que el error continúe, puede que al final resulte difícil o incluso imposible erradicarlo. Es triste, porque con un trabajo cuidadoso, aunque agradable, es posible adquirir un sonido y una técnica fiables, dentro de los límites naturales de cada pianista.

Mi objetivo es ayudar a todo aquél que quiera mejorar su técnica de piano. Puesto que es imposible mejorar algo que todavía no existe, doy por sentado que el lector tiene por lo menos cierta habilidad pianística. No es necesario que esta habilidad sea grande. Las formas de trabajar y pensar esbozadas en las siguientes páginas pueden ser adaptadas a las necesidades de músicos de cualquier edad, situación y habilidad. Son tan apropiadas para el principiante como para el estudiante avezado. También serán de utilidad para padres con un pequeño conocimiento musical y que quieran ayudar a sus hijos; pueden ser, a decir verdad, de valor tanto para aquellos que deseen mejorar su propia técnica como para los que quieran ayudar a otros. A pesar de estar específicamente dirigidos a la técnica de piano, muchos de los métodos perfilados pueden ser fácilmente adaptados para su uso con otros instrumentos.

Capítulo 1

Su piano

Una forma obvia de empezar un estudio acerca de cómo mejorar su técnica pianística es examinar el piano mismo, cómo funciona y qué es lo que lo hace mejor o peor desde el punto de vista del pianista. Considerar las cualidades del instrumento con el que va a practicar y compararlo con otros pianos le ayudará a entender más claramente qué es lo que usted está haciendo así como la forma de lograr su objetivo de llegar a ser un pianista competente.

Probablemente usted ya tenga un piano, pero si no es así, aquí encontrará algunos aspectos que debería tener presentes a la hora de comprar uno. Vale la pena recordar que pese a lo diestro que usted sea o llegue a ser en un hipotético futuro, sólo será capaz de tocar tan bien como su piano le permita. Las siguientes observaciones están dirigidas principalmente a escoger un piano vertical, ya que son los más comunes en la mayoría de los hogares, pero muchas de las observaciones, en particular las relativas a la longitud de las cuerdas, también son aplicables a los pianos de cola. Después de que las haya leído y juzgue si su actual piano está o no a la altura, podría incluso considerar la posibilidad de un cambio.

El timbre (o calidad de sonido, también denominado *color*) de su piano es, probablemente, el factor más importante que debe considerar. Hay muchas maneras de juzgar el timbre de un piano, pero dado que será *usted* quien use el instrumento, lo importante es que sea a usted a quien le guste. Además del timbre, debemos considerar también el «tacto» del mecanismo, ¿es demasiado duro o demasiado blando? De nuevo es que a usted le guste lo que cuenta. El tamaño y la apariencia general de un piano puede tener también su importancia. La elección de su piano estará influenciada tanto por sus cualidades musicales como porque su tamaño y estilo estén en consonancia con su habitación. Y para terminar: ¿quiere adquirir un piano nuevo o de segunda mano? Al final debe ser usted quien juzgue todas estas cosas, pero podemos ayudarle a hacer su elección.

Tanto si compra un instrumento nuevo como si es de segunda mano, la mejor forma de tomar una decisión es probar varios instrumentos, escuchar sólo uno o dos no será suficiente. Probablemente, el mejor lugar por el que empezar sea la tienda de instrumentos más cercana a su casa, porque en todas suele haber un buen número de instrumentos que pueden ser probados. Sólo será capaz de hacer un juicio válido si compara, y será mucho más fácil comparar si se puede desplazar de un instrumento a otro rápidamente. También le ayudará que esas comparaciones se realicen en la misma estancia, o que sean similares, ya que el tamaño y el mobiliario de una habitación influye considerablemente en el sonido.

La calidad del timbre

Dada su importancia, usted debería empezar por valorar la calidad del timbre. El sonido de un piano tiene que ser claro y resonante, jamás debería ser sordo o apagado. Tampoco debería ser áspero, metálico o estridente, si bien tampoco tiene que sonar demasiado suave, indiferenciado o «lacio». Recuerde también que debe encajar en la habitación en la que desea tocar. Si el suelo de su habitación está totalmente enmoquetado y hay una gran cantidad de mobiliario acolchado, el sonido del piano será absorbido muchísimo más que si tiene un suelo duro y el mobiliario es de madera corriente.

Escuche de forma crítica los sonidos más agudos y los más graves del instrumento. Las notas más graves a menudo suenan indiferenciadas y «rechonchas», especialmente en pianos pequeños. Tales instrumentos, en ocasiones llamados *consolas* o *de estudio*, oscilan entre 0,9 y 1,2 metros de altura, aproximadamente, mientras que un piano vertical normal mide 1,2 metros o más. No se confunda por términos tales como *gran vertical* y similares. No existe una cosa tal, aunque en ocasiones son llamados así los pianos verticales grandes. La confusión reside en el hecho de que antiguamente los pianos verticales tenían sólo dos cuerdas para la mayoría de las notas, mientras que un piano de cola (también llamado gran piano) tenía tres cuerdas; por esa razón cualquier instrumento de tres cuerdas era denominado *gran piano*. Los pianos modernos tienen tres cuerdas para casi todas las notas, pero sólo un piano horizontal debería ser llamado *gran piano*.

Los instrumentos que tienen cuerdas de mayor longitud ofrecerán, por lo general, un timbre mejor que aquellos que tienen cuerdas más cortas. Como la altura de una nota viene determinada por la combinación de la longitud, la tensión, el peso y la elasticidad de la cuerda, para producir las notas más bajas con una cuerda corta es necesario añadirle peso con alambre de cobre, mientras que para producir las notas más elevadas con cuerdas muy cortas es necesario aplicar una gran tensión. Ambos factores afectan a la calidad del sonido de los pequeños pianos verticales y de los pianos de cola pequeños.

¿Nuevo o de segunda mano?

Los instrumentos nuevos suelen estar en condiciones excelentes, pero si está considerando la posibilidad de adquirir uno de segunda mano, no puede fiarse de que sea así. Guárdese de anuncios de periódico como el siguiente:

«Piano en venta - barato - ideal para principiantes»

El piano *puede* estar bien, pero eso es tan probable como que sea una ruina inservible, sólo apropiada para el vertedero. Comprar un instrumento de baja calidad o inadecuado es una mala forma de economizar. Un buen instrumento musical es caro, pero vale su precio. Los pianos pueden padecer defectos que sean, en el mejor de los casos, costosos de rectificar satisfactoriamente y, en el peor, imposible; pero puede que un piano polvoriento, sucio y desafinado sólo necesite un poco de cuidado y atención. Merece la pena pagar los servicios de un buen afinador de pianos si no está demasiado seguro: en última instancia eso podría salvar su dinero.

Inspeccione el piano usted mismo

Hay, sin embargo, muchas cosas que podría mirar antes de pedir la ayuda de un experto. Lo mejor es un instrumento de encordado diagonal y con un sistema de apagadores superiores (esos términos quedarán aclarados conforme vaya leyendo), y son características fáciles de verificar. Cuando quiera juzgar un piano vertical, levante la tapa superior (la tapa que cubre las teclas es conocida como *tapa frontal*) y mire dentro. Si el piano tiene apagadores inferiores, los martillos (también llamados *macillos*) serán visibles, y podrá observarse fácilmente los diferentes grosores de fieltro sobre la superficie de todos ellos. Sin embargo, si lo que cubre la mayor parte de los martillos parece ser un bloque de madera, y sólo los del final del lado derecho del instrumento son visibles, entonces el instrumento tiene un sistema de apagadores superiores. Los mejores pianos suelen tener apagadores inferiores, pero aunque en principio le aconsejaría que adquiriera uno de ese tipo, no todos los pianos con apagadores superiores son instrumentos pobres. Los apagadores inferiores acostumbran a tener reacciones más positivas. El mecanismo añadido que requiere emplazar los apagadores por encima de los martillos puede causar ruido e influir en el tacto del piano. Una vez dicho esto, repetimos que muchos sistemas de apagadores superiores funcionan perfectamente.

Mientras sostiene la tapa en alto, compruebe que el instrumento tiene un encordado diagonal. Mire las clavijas de afinación, están justo debajo de la tapa, y las cuerdas del piano están atadas a ellas por su extremo. En el lado izquierdo habrá unas clavijas de afinación, de cuyo extremo las cuerdas descienden en diagonal (hacia abajo y a la derecha). Observará que a la derecha de este grupo de clavijas hay un espacio que separa a éstas de otro grupo mayor, cuyas cuerdas descienden en diagonal hacia la izquierda. Si este es el patrón que ve, el instrumento tiene un encordado diagonal y es obvio que sus cuerdas se cruzan o superponen. Si no hay un espacio entre las clavijas de afinación (sólo hay un grupo) y las cuerdas están dispuestas verticalmente y no se cruzan, el instrumento tiene un encordado recto. Existe, además, la posibilidad de que todas las cuerdas desciendan ligeramente en diagonal; este tipo de encordado es conocido como *oblicuo*, pero tampoco se cruzan las cuerdas. El encordado diagonal mejora la calidad del sonido, y la mayor parte de los instrumentos nuevos se fabrican con este sistema. No obstante, en el mercado hay muchos instrumentos antiguos que no tienen un sistema de apagadores inferiores ni un encordado diagonal, y que sin embargo son todavía aptos. Escuche cuidadosamente la calidad tímbrica de cualquier instrumento que examine. Si no concuerda con la descripción que le hemos dado, sea cauto, y si duda, consulte a un experto.

El funcionamiento de las teclas

Lo siguiente que vámos a considerar es el funcionamiento de las teclas, es decir, cómo responden las teclas a su pulsación. Cuando usted toque un instrumento, deberían sonar todas las notas. Si no ocurre esto, es necesario averiguar por qué.

A veces, la causa es simple y fácilmente rectificable, pero no siempre es así. Compruebe que las teclas bajan con facilidad, pero que ofrecen una cierta resistencia a su presión. Si las teclas se hunden demasiado fácilmente o el calado (la distancia que la tecla recorre antes de que tope con la base del teclado) es muy poco profundo, tenga cuidado. Si puede, compare la resistencia y el calado con los de un piano nuevo con un calado normal; un instrumento nuevo debería darle la *sensación* correcta para una presión estándar. Si el instrumento usado que está probando no le da esta sensación o alguna muy parecida, y las teclas parecen estar sueltas y poco firmes, aconséjese antes de comprarlo. Intente tocar todas las notas del instrumento, desde la más grave hasta la más aguda, con igual intensidad y, mientras, escuche muy atentamente. Todas las notas deberían sonar de modo uniforme, ninguna debería ser apreciablemente más fuerte o más débil que las demás, siempre teniendo en cuenta, por supuesto, que usted pulsa las teclas con igual fuerza. Si no suenan uniformemente, debería buscar consejo.

Los pedales

Pruebe los pedales (hay dos en la mayoría de instrumentos y tres en muchos) y averigüe si funcionan correctamente. Es algo bastante fácil de hacer si sabe qué es lo que tiene que buscar y escuchar. Levante la tapa superior del piano otra vez y, mientras pisa el pedal derecho (también llamado *pedal de resonancia* o *pedal forte*), mire lo que ocurre con los apagadores. Son esos pequeños bloques forrados de fieltro que presionarán las cuerdas. Si el pedal funciona correctamente, tienen que separarse de las cuerdas. Con el pedal aún apretado, toque un par de notas en diferentes partes del teclado. Todas las notas que haya tocado tienen que seguir sonando, pero cuando suelte el pedal, deberían pararse y los apagadores volver a presionar las cuerdas. Pruebe esto unas cuantas veces, seleccionando diferentes notas en cada ocasión; todas deben continuar sonando mientras el pedal está apretado, y parar cuando éste se suelte. Si no ocurre así, serán necesarios algunos ajustes. Con la tapa aún levantada, mire dentro del instrumento mientras pisa el pedal izquierdo (también llamado *pedal celeste*); debería ver cómo todos los martillos se mueven hacia adelante, acercándose a las cuerdas. Toque unas cuantas notas y se dará cuenta de que es más difícil producir un sonido fuerte, porque los martillos recorren una distancia menor antes de golpear las cuerdas. De los dos tipos usuales de mecanismos de pedal celeste que se encuentran en los pianos verticales, éste es el mejor. Si el mecanismo es del tipo más pobre, cuando usted apriete y luego suelte el pedal izquierdo, verá una pieza de fieltro que se alza y baja delante de las cabezas de los martillos. Este tipo de pedal, aunque ciertamente hace que el sonido sea mucho más débil, también mata la calidad del timbre.

Es muy improbable que el instrumento esté equipado con el mejor de los mecanismos de pedal: el tipo *una corda*. *Una corda* significa, obviamente, «una cuerda». Con este tipo de mecanismo, al pisar el pedal se mueven todos los martillos ligeramente hacia la derecha, de forma que golpean sólo dos de las tres cuerdas que tiene cada nota en el registro agudo (el más alto) y una de las dos cuerdas del registro tenor (el central); en todos los registros golpea la cuerda con la parte más blanda y menos usada de los martillos, por lo que el sonido que obtenemos tiene un timbre o calidad completamente diferente. Éste es el tipo de mecanismo de pedal celeste usado en los pianos de cola, y es muy superior al resto de los mecanismos descritos, aunque sería muy raro encontrárselo en pianos verticales. Si un piano vertical tiene un pedal central, normalmente se denomina *pedal de estudio*. Es muy similar al tipo de pedal celeste que describíamos anteriormente y que usaba una tira de fieltro, y es apropiado para usarse allí donde el sonido normal de un piano pueda causar molestias considerables a otras personas. El pedal central que más frecuentemente encontramos en un piano de cola es el pedal *sostenuto*, cuyo uso será explicado en la página 113.

Los martillos

Mientras la tapa frontal del piano está aún levantada, puede comprobar el estado de los martillos que golpean las cuerdas. Si el instrumento ha sido usado con frecuencia, las cuerdas habrán cortado y comprimido el fieltro de las cabezas de los martillos. Este tipo de desgaste y cualquier otra cosa que parezca estar rota o estropeada en el mecanismo, como un excesivo ruido, alguna nota desafinada, que falte algún martillo o que esté roto, y teclas que tienen toda clase de movimiento lateral, son problemas que tendrían que ser inspeccionados por un afinador de pianos o un técnico. Muchos de ellos pueden ser fácilmente tratados y de una forma barata, pero otros no, y quizá incluso son irreparables. Debería buscar consejo y estar bien informado antes de desprenderse de su dinero.

La importancia de un buen instrumento

Quizá se pregunte qué tiene que ver todo esto con la técnica pianística. La respuesta, breve y precisa, es que mucho. Un instru-

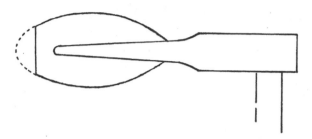

El diagrama muestra una cabeza de martillo cuyo fieltro ha sido desgastado por el uso. También puede ser cortado profundamente por las cuerdas. La línea de puntos representa la forma que debería tener el martillo. La cubierta de fieltro de los martillos pertenecientes a las notas más agudas es muy delgada, y el corte puede llegar hasta la madera.

mento que no funciona apropiadamente o que tiene un timbre de escasa calidad, le impedirá desarrollar correctamente su técnica. Si el instrumento con el que está practicando tiene teclas sueltas y éstas tienen un calado poco profundo, le resultará muy difícil controlar el sonido.

Unas teclas que reaccionen al más pequeño contacto pueden impedir el desarrollo de su técnica. Usted debe ser capaz de sentir el peso de cada tecla debajo de su dedo y de controlar su movimiento con precisión. En un piano bien regulado con un calado y un tacto normales, cuando presione una tecla muy lentamente, sentirá, hacia la mitad de su recorrido, un débil «clic». Si usted está controlando completamente el movimiento de la tecla, debe ser capaz de continuar el movimiento hacia abajo pasado este punto, hasta que la tecla tope con la base del teclado. El «clic» que sintió tiene lugar cuando el mecanismo pasa el punto que inicia el movimiento por el que el martillo es lanzado contra la cuerda, hacia adelante en pianos verticales y hacia arriba en pianos de cola. Si la velocidad de descenso de la tecla es demasiado lenta, el mecanismo no será accionado correctamente, lo cual significa que el martillo no será lanzado hacia la cuerda y no habrá sonido. La velocidad con la que la tecla pasa por el *punto de inicio* determina la potencia del sonido. Por consiguiente, es importante que usted tenga control sobre la tecla antes de que se alcance el punto de inicio porque, una vez haya pasado por él, no puede volver a influir en el sonido hasta que suelte la tecla y la vuelva a presionar de nuevo. Por eso es crucial que la combinación de la sensibilidad y el calado de la tecla estén lo mejor ajustados posible, y así tiene que ser con todas y cada una de las teclas del instrumento, de otra manera encontrará extremadamente difícil tocar de modo uniforme.

Es posible acostumbrarse a un instrumento que no funciona correctamente y ser incapaz de apreciar las diferencias respecto a uno bueno. Compre siempre el mejor que se pueda permitir. En el momento de la compra, fíjese en su precio de reventa. Si no se puede comprar el mejor, asegúrese de que conoce las limitaciones del instrumento que está comprando, con miras a usarlo sólo durante el tiempo estrictamente necesario. Un instrumento con limitaciones puede servirle bien durante un periodo de tiempo, pero su frustración irá en aumento si es capaz de tocar mejor de lo que el instrumento le permite. Cuando un cambio es completamente necesario, un afinador o un profesor de piano quizá puedan ayudarle. Si compró bien en la primera ocasión, el cliente de un afinador o el alumno de un profesor de piano de su misma localidad podrían estar interesados en el instrumento que usted tiene.

La banqueta del piano

No es sólo el instrumento lo que necesita ser cuidadosamente escogido; no se olvide de la silla o banqueta que necesitará para sentarse. Las banquetas de piano tienen que ser de la altura adecuada. Esta altura depende de usted. La longitud de sus brazos, piernas y cuerpo dictará cuál es la mejor posición de trabajo para usted. La mayoría de la gente prefiere ajustar la altura de la banqueta hasta que sus antebrazos queden paralelos a las

Tenga cuidado con las
banquetas inestables.

teclas, o inclinados ligeramente por encima de ellas, antes que
tener sus codos por debajo del nivel del teclado y sus antebrazos inclinados hacia arriba. Tengo considerables reservas a la
hora de ser demasiado estricto respecto a esto. Cualquiera que
haya visto al famoso pianista Vladimir Horowitz en vivo o en te-
levisión entenderá por qué. Él mantiene las manos en una posición tal que sus muñecas y codos están bastante por debajo del
nivel del teclado, y hay muchos otros pianistas que hacen lo
mismo. Se hablará más de esto en los capítulos siguientes, pero
lo que es más importante es fijar su banqueta siempre a la misma altura. Quizá le parezca que puede utilizar el taburete que
se encuentre más a mano, ya que es algo que no debe tener mucho que ver con cómo toque de bien, pero estar continuamente
intentando ajustar su asiento a diferentes alturas puede afectar
su progreso. Una alteración de su asiento pone las notas en una
posición relativa diferente respecto a sus manos y brazos, y conduce a incertidumbres e inexactitudes. Sea cuidadoso y siéntese
cada vez que toque a la misma altura y en la misma posición relativa respecto a las teclas (le ayudará mucho). Asegúrese tam-

bién de que el asiento o banqueta sea firme. Un taburete inseguro puede ser una maldición, aunque sea uno de esos preciosos y elegantes taburetes victorianos dotados de un voluminoso tornillo de metal o de madera para ajustar su altura. Muchos de éstos son muy inestables. Es ventajoso tener un taburete ajustable, pero no cambie esto en aras de la estabilidad. Esto último es lo más importante. Después de todo, siempre puede usar un cojín.

Preguntas

1. *¿Por qué es importante probar tantos instrumentos como pueda?*
2. *Diga qué atributos debe tener un buen timbre de piano.*
3. *Nombre los tipos de timbre de mala calidad que recuerde.*
4. *¿Qué efecto tendrá un suelo enmoquetado en el sonido de un piano?*
5. *¿Qué efecto tendrá un mobiliario acolchado en el sonido de un piano?*
6. *¿Qué efecto tendrá un suelo duro sobre el sonido de un piano?*
7. *¿Qué efecto tendrá un mobiliario de madera en el sonido de un piano?*
8. *Describa el sonido que suelen tener los pianos pequeños.*
9. *¿Existe un instrumento llamado* gran vertical*?*
10. *¿Por qué hay instrumentos llamados* gran vertical*?*
11. *Respecto al timbre de un piano, ¿qué viene determinado por la longitud de una cuerda?*
12. *¿Qué factores determinan la altura de una nota?*
13. *¿Qué es necesario hacerle a las cuerdas cortas para que puedan producir notas graves?*
14. *¿Por qué es sensato comprar el mejor instrumento que se pueda permitir?*
15. *Un piano viejo, polvoriento, sucio y desafinado, ¿es siempre una mala compra?*
16. *¿Cómo reconocería un sistema de apagadores inferiores?*
17. *¿Cómo reconocería un sistema de apagadores superiores?*
18. *¿Cuál de los dos tipos anteriores suele ser mejor? ¿Por qué?*
19. *¿Qué nombre se le da a la tapa que cubre las teclas del piano?*
20. *¿Cómo podría comprobar si un instrumento tiene un encordado diagonal?*
21. *¿Qué otros tipos de encordado hay y cómo podría reconocerlos?*

22. *¿Cuál es el tipo de encordado más utilizado en pianos nuevos?*

23. *¿A qué nos referimos con el término calado cuando hablamos de las teclas de un piano?*

24. *¿Por qué es importante?*

25. *¿Por qué es importante que las teclas de un piano no se hundan demasiado fácilmente?*

26. *¿Qué efecto tiene en realidad el pedal de resonancia en el sonido de un piano?*

27. *¿Qué son los apagadores y cuál es su función?*

28. *¿Cómo puede comprobar que el pedal de resonancia funciona correctamente?*

29. *¿Qué tipos de mecanismos pueden ser accionados por el pedal izquierdo?*

30. *Describa el pedal tipo «tira de fieltro» y cuáles pueden ser sus usos.*

31. *¿Qué significa una corda?*

32. *Nombre alguna de las cosas que es necesario comprobar a la hora de comprar un piano usado.*

33. *¿Cómo puede impedir el desarrollo de su técnica un piano que no funciona correctamente?*

34. *¿Qué consideraciones importantes deberíamos tener en mente cuando escogemos el taburete o banqueta que vamos a usar?*

Capítulo 2

Aproximación general

Para intentar mejorar su técnica pianística, debe centrar su atención en la práctica. Es durante las sesiones prácticas cuando establecemos los hábitos de los que podremos fiarnos en la ejecución. Nuestro éxito como pianistas depende de cómo sean esos hábitos y cómo de bien los hayamos ensayado.

Se ha dicho de forma correcta que los aficionados practican algo hasta conseguir que salga bien, pero que los profesionales practican algo hasta conseguir que no pueda salir mal. Pasamos mucho tiempo practicando, la mayor parte de él dirigido a adquirir el más alto grado de control muscular del que somos capaces. Sin embargo, gran parte de ese tiempo y esfuerzo es desperdiciado. Cuando algo nos sale mal, a menudo tomamos decisiones puramente arbitrarias sobre la causa que ha provocado el error, y confiamos en que salga bien la próxima vez. Generalmente no es así. El método consistente en «probar y confiar» raramente produce resultados fiables.

Teniendo en cuenta que nuestro cerebro controla todas nuestras acciones, la razón por la que las cosas van mal debe provenir de los mensajes enviados desde él hasta los músculos que ejecutarán las acciones pertinentes. Estos mensajes deben transmitir a los músculos respectivos la información exacta que se necesita para que respondan y produzcan el efecto que pretendíamos. Si las cosas están yendo mal, debemos concentrar nuestra atención, en primer lugar, en el problema de comunicación interna.

El cerebro es un sistema autoorganizativo que reconoce y usa patrones. Cómo funciona exactamente en términos de conexiones eléctricas y químicas es algo que aún no se ha explicado ni se entiende completamente, pero sí que se conoce una gran partede los efectos de su funcionamiento. Nuestra red neuronal está constantemente activa, en cualquier momento en que recibamos un estímulo por medio de alguno de nuestros sentidos, pero lo que realmente ocurre depende del alcance de nuestra experiencia y conocimientos previos.

Para tocar cualquier pieza de música debemos establecer un grupo continuo de pensamientos y acciones en los que podamos confiar; es, por consiguiente, indispensable que desde el principio nuestra práctica no sea casual. Un ejemplo extramusical nos ayudará a comprender por qué. Cuando doy un paseo apacible por la calle, es posible que me encuentre con muchos olores diferentes. Mi experiencia previa sobre olores me dirá cuál proviene de un jardín de rosas cercano o de una panadería, y cuál proviene de las alcantarillas. Podría haber algunos otros para los cuales no hubiera establecido todavía un patrón de análisis interno. Teniendo el tiempo y una ocasión propicia, podría explorar éstos más profundamente, pero incluso la exposición más ligera a ellos habrá puesto en marcha alguna acción exploratoria que, aunque provisional, podría ser útil en alguna ocasión futura. Sin embargo, una impresión vaga como ésta, y que está basada en una información casual, quizá sea totalmente inútil; en el futuro, es posible que me envíe en una dirección completamente errónea si considerara que, en realidad, la comprendí perfectamente. Esto podría no tener consecuencias, a menos que esa impresión vaga me llevase a relacionar una es-

El método consistente en
«probar y confiar» rara-
mente funciona.

pecie de olor *almendrado* con algo que tenga que ver con el mazapán, cuando en realidad era cianuro potásico.

Cuando trato de tocar una nueva pieza de música es probable que me encuentre algunas cosas que reconozca y de las que
pueda dar cuenta, y otras para las cuales aún no he considerado
bien una respuesta, tal y como ocurría en el ejemplo del paseo.
Mi prioridad será poner mis dedos sobre las notas adecuadas.
Los patrones de digitación que escoja podrían estar influencia-
dos por las indicaciones de la partitura, del mismo modo que mi
reconocimiento de un olor particular podría haber sido influen-
ciado por un cartel en el que se pueda leer «panadería». Si no
hay influencias externas, confiaré en mi experiencia previa y en
mis conocimientos de piano para escoger una serie de acciones,
las cuales, a menudo algo imprecisamente, serán apropiadas
para conseguir tocar las notas adecuadas. Puedo considerar que
sólo estoy echando un vistazo a la pieza o haciéndome una idea
de cómo suena o algo así, pero me dé cuenta de ello o no, el pro-

ceso de aprendizaje ha comenzado. En éste «vistazo» inicial, una serie de mensajes que representan la ejecución de esta pieza habrá sido enviada desde el cerebro hasta los dedos. Aunque no haya sido claramente definido, se habrá establecido un patrón de acciones, que se puede reconocer lo suficiente como para seguirlo en las siguientes ocasiones, bien en parte, bien por completo.

Quizá considere que algunas partes son razonablemente seguras (oler los jardines de rosas o las panaderías), y que otras son menos seguras y no muy confortables (reminiscencias del menos placentero olor a alcantarillas). Habrá algunas que, aunque aparentemente confortables, tengan su sentimiento de seguridad levemente teñido de un vago recelo (el olor almendrado, no reconocible exactamente como mazapán, pero quizá sí como algo parecido).

A menos que tome medidas activas para prevenirlo, otros «vistazos» podrían reforzar este patrón. Es posible aceptar como viejos amigos, reconocibles y fiables, aquellas partes que olían a jardines de rosas o a panaderías; aquellas con reminiscencia a alcantarilla pueden ser menos agradables, pero al fin y al cabo reconocibles, mientras que el olor almendrado podría ser un asesino potencial. El final resultante podría ser una mezcolanza de partes superficialmente conocidas, juntadas de forma tan poco firme que bajo una presión mínima se desharía fácilmente. Los patrones establecidos por mi vistazo podrían asegurar una ejecución no más fiable que mi recuerdo del paseo (podría ponerme en pie y acabar de preguntarme sobre si el olor a cocido venía del pan o de algún otro tipo de bollería, o si el olor de las rosas venía de una rosa Bacara, de una Porland o de algún otro tipo de rosa aromática). Podría ser un poco más permisivo con las alcantarillas, pero un consumo grande de cianuro, confundido con otra sustancia, podría resultar fatal.

Es muy improbable que se produzcan circunstancias en las cuales necesitara someter el recuerdo de mi paseo a un escrutinio minucioso y detallado; pero, por otra parte, mi «vistazo» inicial podría ser puesto bajo tal escrutinio cada vez que intentara tocar la pieza nueva. Los problemas pueden surgir incluso con aquellos aspectos del ensayo que parecen estar tan bajo control son aceptados como ya sabidos. Podrían ser similares a otros pasajes que ya haya tocado, pero no es seguro asumir que sean exactamente iguales. Confundir «similares» con «iguales» es algo que ocurre con facilidad, pero la confusión conduce rápidamente a problemas. Los futuros ensayos podrían ser inseguros, contener muchos momentos de duda y, probablemente, acabar en un completo fracaso. Incluso si no es así, las semillas del desastre han sido sembradas y, a menos que se lleve a cabo una acción correctiva apropiada, la situación sólo puede empeorar.

Gran parte del problema puede ser evitado si la aproximación inicial a la música se medita bien. Una preparación sensata y un trabajo cuidadoso pueden descubrir las áreas de peligro real y minimizar sus efectos perniciosos, incluso si no los elimina por completo. Tocar el piano es algo que tiene tantas complicaciones que las presiones y tensiones de la vida deben estar en un segundo plano, al menos momentáneamente.

Mucha gente que aprende a tocar lo hace por ese motivo, y no aspira a ser un músico profesional. Frecuentemente argumentan que desean tocar piezas melodiosas y no cargarse a sí mismos con un trabajo lento y aburrido que podría acabar completamente con su entusiasmo por la música. Para mí, y para mucha de la gente con la que he trabajado, nada es más aburrido que cometer los mismos errores una vez tras otra. Esto es, probablemente más que cualquier otra cosa, lo que mata el entusiasmo y frustra la diversión.

Preguntas

1. *¿Por qué es tan importante la práctica?*
2. *¿Por qué la práctica no puede ser algo casual?*
3. *¿Qué es el método consistente en* probar y confiar?
4. *¿Por qué el método consistente en* probar y confiar *es ra-ramente efectivo?*
5. *¿Por qué necesitamos trabajar nuestras comunicaciones internas?*
6. *¿Cuáles son los formas de operar del cerebro?*
7. *¿Cuáles son los peligros inherentes de tocar a vista una pieza?*
8. *Pianísticamente hablando, ¿cuáles son los peligros de confundir «similar» con «igual»?*
9. *¿Cuáles cree usted que son las diferencias entre practicar algo hasta conseguir que salga bien y practicar hasta conseguir que no pueda salir mal?*

Capítulo 3

Métodos para prevenir y corregir errores

Si dejamos los problemas para que los resuelva nuestro sistema autoorganizativo, éste ideará algún plan de acción que solvente cualquier cuestión que tengamos que abordar, pero quizá no sea siempre el mejor. Esta solución será almacenada y memorizada, y en la próxima ocasión en que nos encontremos con un problema o en una situación similar, se usará el mismo patrón. Si realizamos alteraciones frecuentes e indiscriminadas, crearemos muchos caminos que serán reconocidos y almacenados, de forma que estén preparados para un uso futuro. Pero como el sistema reconoce y usa patrones por sí mismo, nunca podemos estar seguros de cuál de los caminos será seleccionado en una situación particular. En otras palabras, a menos que tengamos un cuidado enorme, nosotros mismos podemos crear innumerables posibilidades de error.

Para ayudar a prevenir que se den estas situaciones, o para realizar acciones correctivas si ya se han producido, hay algunos procedimientos que pueden ser seguidos y que será mejor describir desde un principio.

Inhibición

Estamos familiarizados con el término *inhibición* usado en el sentido freudiano de frustración y represión; pero los seguidores de la técnica Alexander lo usan de una forma totalmente diferente. Para C. F. Alexander, la inhibición significaba la habilidad para prevenir que se produzca una respuesta habitual no deseada mediante la creación deliberada de una pausa. Para nosotros la inhibición, en este sentido, tiene un uso importante a la hora de mejorar nuestra técnica pianística. La habilidad de ejercitar el autocontrol mediante la inhibición de una acción y, de ese modo, permitirnos meditar el próximo movimiento, es algo que debe ser cultivado. Se necesita valor para decidir no intentarlo otra vez, a ver si las cosas salen bien por sí mismas. Si lo intentamos una vez más, la responsabilidad de la próxima acción vuelve a estar en nuestro sistema autoorganizativo, y si éste nos ha colocado en el camino erróneo, será pura suerte que las cosas «salgan bien».

Tiempo para pensar

Inhibir una acción para prevenir caer en un error es un primer paso esencial, pero no un fin en sí mismo. Sin embargo, proporciona el espacio que permite que las próximas acciones sean calculadas. Yo llamo a este espacio «tiempo para pensar», y tanto la longitud como el contenido dependen de las circunstancias particulares. Posteriormente comentaremos cómo saber exactamente cuándo debemos tomarnos el tiempo para pensar y cuáles son sus contenidos en detalle.

Aislamiento

Aislar una sección de una pieza de música, trabajar en ella lenta y metódicamente y luego volver a colocarla en el contexto, es un método usado con frecuencia por estudiantes de piano para hacer frente a problemas técnicos. Esto permite dirigir un esfuerzo concentrado hacia dificultades específicas sin interrumpir el flujo de una obra musical. Pero hay otros tipos de aislamiento que tienen peligros ocultos. Debe de haber muy pocos de nosotros que puedan decir honestamente que nunca han ralentizado una sección difícil de una pieza y después han continuado como si no hubiera pasado nada. Un aislamiento de esta clase dentro del contexto de una pieza puede ser efectivo, pero sólo si es cuidadosamente controlado. Uno de los peligros es que podemos hacerlo sin darnos cuenta, con lo que podemos incorporar a la música secciones «viciadas» que desarmonizan con el resto de la pieza.

Para la mayoría de los aspirantes a músicos la consideración fundamental es tocar las notas correctas. El *tempo*, el ritmo, el fraseo, el timbre y la expresividad, todo es desechado ante la inexorable búsqueda de las notas; tocar una nota incorrecta, más que cualquier otro error, hará que nos interrumpamos y, por tanto, nuestros métodos preventivos deben estar dirigidos en primer lugar hacia este problema. Seguramente, la velocidad es la razón que con más frecuencia nos hace cometer errores, y es en el estadio más temprano de nuestra práctica donde puede resultar más dañino. Yo tuve la fortuna de tener como profesora a una discípula de Solomon (Cutner), el famoso concertista de piano. Mi profesora estudió con él durante varios años, y a menudo recordaba una respuesta que le dio a una pregunta acerca de la velocidad. Cuando llegaba para tomar su lección, a menudo lo escuchaba practicar; pero él tocaba tan lentamente que era necesario escuchar durante algún tiempo antes de poder reconocer las obras que estaba estudiando, aunque se tratara de piezas muy conocidas. Cuando le preguntó por qué tocaba así, le contestó que a menudo pasaba por el Royal College, donde podía escuchar a los estudiantes tocando escalas a una velocidad de vértigo y ejercicios, estudios e incluso piezas enteras a galope tendido; su breve respuesta le enseñó más sobre la práctica que cualquier otra explicación, por larga que hubiera sido. «En el College todos están practicando para cosas im-

portantes, como evaluaciones, exámenes e incluso diplomas. Pero
yo, ¡yo sólo practico para el Albert Hall!» Le había mostrado, precisamente, la diferencia entre el *amateur* y el profesional en sus
actitudes respecto a la práctica.

Semejantes palabras en boca de tan eminente pianista debería movernos a hacer balance de nuestros propios procedimientos para aprender las notas de una pieza. El uso adecuado
de la inhibición y del tiempo para pensar, que nos permitirá colocar el dedo correcto en la nota correcta, es esencial en las
etapas iniciales del aprendizaje. Pero no debemos olvidar que
cuando aprendemos algo nuevo el problema de la digitación
también debe ser estudiado. Es vital establecer un patrón de
digitación inteligente y funcional antes de la práctica concienzuda de una obra nueva, si queremos evitar errores. Para saber
más acerca de la digitación lea el capítulo 4.

Si hemos preparado un patrón de digitación inteligente y hemos seguido los procedimientos de inhibición, tiempo para pensar y aislamiento (particularmente en aquellas secciones de una
pieza nueva que podemos prever que nos darán problemas), no
deberíamos errar en ninguna nota. En realidad, conseguir que las
cosas salgan bien no es tan sencillo como esto. Estamos completamente seguros de cometer errores, muchos errores, por lo tanto
cuanto antes establezcamos procedimientos de corrección prácticos y fiables que usar cuando las cosas salgan mal, tanto mejor. Y
no debemos olvidar que tanto como las notas mismas, la duración
de éstas, el ritmo (ambos conceptos no tienen por qué ser idénti-
cos), el timbre, la dinámica, el fraseo y muchos otros sutiles detalles interpretativos que son necesarios para ejecutar correctamente una pieza, en un momento u otro es posible que vayan mal. Los
mismos procedimientos correctivos generales pueden ser adaptados eficazmente para solventar errores de todo tipo.

Por lo tanto, para mí tendría sentido perfilar cómo se pueden
establecer y poner en práctica esos procedimientos antes de continuar. Los errores se cometen antes de que se oigan. Esta afirmación tiene que ser cierta, ya que cada acción está gobernada por la

decisión de realizarla, ya sea consciente o inconscientemente, momento en el cual un mensaje es transmitido a los músculos apropiados. La decisión debe tomarse, por consiguiente, antes de que la acción se realice. Puede que sea inmediatamente o algo antes de la acción, pero el hecho fundamental es que el proceso decisorio y la transmisión del mensaje enviado a través de la red nerviosa son anteriores a la acción misma, seamos o no conscientes del hecho. Si la acción ha dado como resultado, por ejemplo, una nota errónea, es inútil empezar el proceso correctivo en el punto en el que se ha oído el error. La inhibición debe tener lugar con anterioridad al momento de decisión, para prevenir que el mensaje erróneo sea enviado y a la vez crear un lapso de tiempo para pensar suficiente que permita sustituirlo por un mensaje correcto.

Para empezar el proceso correctivo:

1.- Seleccione una pieza en la que, invariablemente, usted yerre en las notas en un momento determinado.

2.- Comience a tocar unos compases antes de ese punto.

3.- Vaya lentamente hacia el punto del error, tocando nota por nota y asignando un pequeño periodo de tiempo para pensar entre cada movimiento.

4.- En cada periodo de tiempo para pensar, dígase a usted mismo:
   a) qué notas va a tocar;
   b) qué dedos va a usar para tocarlas;
   c) qué duración va a tener cada nota o acorde, y
   d) cuán fuerte sonará cada nota o acorde.

5.- Presiónese a sí mismo para mantener correctos los ritmos relativos, siempre a esa velocidad lenta que habíamos dicho.

6.- Resista toda tentación de darse a sí mismo un poco de tiempo extra para examinar qué está haciendo o qué es lo que ya ha hecho.

7.- Sobre todo, no trate simplemente de eludir el error. Ese es un pensamiento negativo. Lo que debe hacer es pensar positivamente acerca de qué es lo que necesita para tocar las notas correctamente.

8.- Al aproximarse al error, sea consciente de cualquier sentimiento de duda o confusión, que le indicará que se encuentra cerca del punto en el que se ha tomado, o se toma-
rá, la decisión errónea.

9.- Fuércese a continuar más allá de ese punto, hasta llegar a
la nota o al acorde en los que usualmente comete el error.

10.- Pare concretamente en la nota o en el acorde en los que normalmente falla, mantenga presionadas las teclas que está
tocando, tanto si son las correctas como si no lo son, y examine atentamente qué es lo que ha tocado.

Si las notas son correctas, no dé por sentado que ha solucionado el problema porque, como expliqué anteriormente, la
práctica deficiente habrá creado muchos caminos entre los
que su cerebro puede escoger. El hecho de que en esta ocasión haya seleccionado el correcto sólo implica que existe tal
camino.

Repita la secuencia desde el paso 2 hasta el paso 10 unas
cuantas veces, reduciendo el tiempo para pensar entre cada
paso. Cada vez que llegue al paso 10 examine las notas que está
tocando y recuerde qué errores se han producido. Deberían variar en cada ocasión. Continúe repitiendo la secuencia del paso
2 al paso 10, reduciendo el tiempo para pensar hasta que:

a) ha tenido que pararse súbitamente en uno de los movimientos, porque no sabía adonde ir luego; o

b) es consciente de que su próximo movimiento producirá un
error; o

c) en este momento está tocando notas que no quería tocar.

Al reducir el tiempo para pensar, está poniendo a prueba su
sistema autoorganizativo. Si su base inicial era defectuosa, al pre-
sionarla hará que cualquier defecto que allí hubiera salga a la luz.

Una vez hallado exactamente dónde se ha tomado una decisión errónea, sus esfuerzos deberán concentrarse en sustituir el

mensaje incorrecto en este punto, para que la secuencia gradual pueda llevarle con precisión a la nota o acorde correctos.

A tal fin, la siguiente tarea será, precisamente, averiguar qué había en las instrucciones del mensaje original que fuera incorrecto. Podría haber muchas causas posibles, enumeramos algunas de las más probables:

1.- Intentaba usar un dedo inadecuado.
2.- Su mano estaba situada en un ángulo que le impedía usar el dedo adecuado, a pesar de que lo intentaba.
3.- Estaba utilizando en este momento el dedo que necesitaba para la siguiente nota.
4.- Su mano estaba demasiado adelantada, cerca del límite del teclado, de modo que se ha visto forzado a levantar un dedo sobre una tecla negra y después le ha resultado difícil situarlo limpiamente sobre la blanca, en el reducido espacio que queda entre dos teclas negras.
5.- Su mano estaba demasiado retrasada, de modo que le resultaba difícil alcanzar una nota negra concreta.
6.- Su digitación para el pasaje anterior implicaba que el dedo que necesitaba no estaba, por una razón u otra, disponible.
7.- Leyó mal una nota concreta cuando empezó a estudiar la pieza, de modo que se ha visto obligado a decidir en cada ocasión que la ha vuelto a tocar qué nota era; y la reducción del tiempo para pensar le ha hecho imposible cambiar de idea en este punto, y por tanto el error es inevitable.
8.- Era por alguna razón que no he mencionado, pero que ahora usted ve claramente.

Podría parecer que es un proceso largo y complicado, pero cuando se acostumbre a él será capaz de localizar dónde se tomó la decisión incorrecta y cuál era realmente en cuestión de segundos.

Como todo, este método de trabajo necesita práctica, pero aprender a usarlo es un tiempo bien aprovechado, y en el futuro le ahorrará tiempo y frustraciones.

Es absolutamente vital que encuentre el fallo real, porque es improbable que resulte satisfactorio intentar sustituir una secuencia de mensajes sin detectarla. Reducir la cantidad de tiempo para pensar le forzará, finalmente, a cometer un error; algo necesario, si quiere erradicarlo. Lo repito de nuevo, no se sorprenda si se producen unos cuantos errores en este punto, ya que pueden haber varios patrones disponibles que envíen diversos mensajes a manos y dedos. Deberá eliminar todos y cada uno de esos mensajes, dejando solamente el correcto, y sabrá que lo ha hecho así cuando haya suprimido cualquier sentimiento de aprensión o duda. Una observación un poco cuidadosa le permitirá reconocer exactamente cuál es el error y qué lo está causando. A menudo ocurre que cuando de hecho está tocando las notas correctas, sus dedos están haciendo un movimiento inmediatamente anterior al error potencial, movimiento que usted mismo corrige antes de tocar la tecla adecuada. Examine si se producen semejantes acciones involuntarias e intente averiguar en qué dirección apuntan; podrían mostrarle precisamente cuál es el error y dónde está. Las acciones involuntarias de este tipo son errores que están esperando su ocasión. No siempre le será fácil detectarlos por sí mismo. Si usted reduce la velocidad, es menos probable que realice esa acción involuntaria, ya que se dará a sí mismo la suficiente cantidad de tiempo para pensar como para evitarlo; si no reduce la velocidad, podría ser que fuera demasiado de prisa para detectar exactamente qué está pasando. A menudo es de ayuda que alguien se siente a su lado. Si usted le dirige su atención correctamente, él podría ser capaz de ver ese insignificante movimiento indicador de un dedo que inicia un movimiento en una dirección equivocada y vuelve inmediatamente a la posición correcta. Un amigo dispuesto a hacer esto es inestimable.

Por dar un simple ejemplo, si el error es tocar un si natural en lugar de un si bemol, sentado junto a un estudiante puedo ver que al aproximarse al si bemol a menudo sus dedos están demasiado cercanos al borde de las teclas blancas, cuando lo ideal sería que estuvieran mucho más cercanos a las teclas negras.

Conforme se va acercando el si bemol, puedo observar un leve movimiento del dedo hacia el si natural, que de repente se extiende rápidamente, intentando alcanzar el bemol. A veces ocurre así y a veces no. Viendo esto, puedo aconsejar que, en un punto particular, el estudiante adelante la mano, con lo que le es más fácil tocar el si bemol y mucho más difícil tocar el si natural, y marcar este punto en su partitura como recordatorio. Este es sólo un ejemplo entre los muchos que podría haber citado. Un amigo que no sepa tocar el piano no sería capaz de sugerir una solución al problema del modo en que yo lo hice, pero podría cuando menos decirle dónde le ha parecido que ha hecho un movimiento innecesario y de qué movimiento se trata. Armado con esa información, será capaz de resolver el problema por sí mismo. No puedo recalcar suficientemente la necesidad de averiguar con precisión la naturaleza del error. Es tentador intentar, simplemente, ahorrar tiempo desarrollando un procedimiento nuevo. Si usted hiciera esto, el error permanecería aún ahí. Su nuevo procedimiento podría ayudarle a eludirlo, pero no lo erradicará. Su viejo error permanece escondido, esperando cogerlo desprevenido, usualmente en algún momento particularmente importante. Sólo cuando conozca la naturaleza exacta del error, y el preciso momento en el que ha sido enviado el mensaje que contiene las instrucciones que lo ha causado, podrá inhibir con éxito la acción incorrecta y sustituirla positivamente por otra.

Aunque haya descubierto la verdadera causa del fallo, no espere que por haber sustituido en una ocasión el mensaje incorrecto en el tiempo debido las cosas ya van bien. No es así. Sin duda, usted habrá practicado la secuencia incorrecta de acciones una infinidad de veces, lo que significa que se habrá establecido muy firmemente en su red nerviosa. Necesitará abordar este punto peligroso con extrema cautela durante algún tiempo, asegurándose en cada ocasión que coloca el patrón correcto en su lugar y en el momento preciso. Cada vez que lo haga mal estará reforzando el patrón erróneo, y por consiguiente aumentando el número de veces que necesitará hacerlo bien antes de que el error sea suprimido.

El método más efectivo de sustitución por patrones correctos consiste en aislar la sección del contexto de la pieza. Una vez establecido con exactitud cuál es el error, en las siguientes sesiones reduzca *deliberadamente* la velocidad de la sección en la que éste tiene lugar, ralentizándola lo suficiente para darse tiempo para pensar. Esto le permitirá colocar el patrón correcto en cada ocasión y es una diferencia en la velocidad suficiente para que le resulte perceptible. Es importante que la reducción de velocidad sea considerable. Si fuese solamente leve, podría empezar a aceptarla como la deseable para tocar la sección. Esa es la razón de mi anterior comentario acerca de la reducción de velocidad para eludir un error. Si el retardo se hace conscientemene y de forma deliberada, dejará una marca en los procedimientos que recordará incluso cuando haya puesto la sección en su contexto, a la velocidad correcta. Un aislamiento como éste tiene la ventaja añadida de que usted comenzará y acabará el área de peligro usando el mismo patrón de digitación en cada ocasión. Aislar una sección fuera de contexto puede derivar en el uso de un patrón de digitación inapropiado, a no ser que se realice un examen cuidadoso para comprobar que las digitaciones con que se aproxima y prosigue en la sección son compatibles con aquéllas que empiezan y acaban la sección aislada. Si no es así, se encontrará con que no puede comenzar la sección con el dedo que quería, y con que no puede volver al contexto con el dedo correcto; en otras palabras, intentando suprimir un error ha creado la posibilidad de otros dos. Un aislamiento fuera de contexto que esté cuidadosamente controlado puede prevenir que esto ocurra.

Preguntas

1. *¿Qué ocurrirá si dejamos los problemas para nuestro sistema autoorganizativo?*

2. *¿Por qué es perjudicial realizar alteraciones frecuentes e indiscriminadas a los patrones creados por nuestro sistema autoorganizativo?*

3. *¿Qué significa* inhibición*?*

4. *¿Qué es* tiempo para pensar*?*

5. *¿Cuáles son los beneficios y los peligros del aislamiento?*

6. *¿Cuál es la razón más común por la que se producen errores y por qué es más dañina en las primeras etapas de la práctica?*

7. *¿Cuál es el paso más importante que se debe dar antes de empezar a estudiar una pieza nueva?*

8. *¿Por qué es inútil empezar el proceso correctivo en el punto concreto en el que se oye un error?*

9. *Enumere los pasos para averiguar dónde se ha tomado la decisión, consciente o inconsciente, que ha conducido a un error.*

10. *¿Por qué es necesario reducir continuamente el tiempo para pensar cuando intentamos encontrar el punto exacto en el que la decisión errónea ha sido tomada?*

11. *¿Cómo haría para averiguar qué es lo que estaba equivocado en el mensaje original que contenía el error?*

12. *¿Por qué es vital averiguar la causa real del fallo?*

13. *¿Por qué no deberíamos sorprendernos al no encontrar uno, sino varios errores diferentes en ese punto?*

14. *¿Qué indicaciones pueden ofrecerle los movimientos involuntarios de los dedos que resulten útiles para eliminar errores?*

15. *¿Por qué es difícil detectar acciones involuntarias si reduce la velocidad?*

16. *¿Por qué es peligroso desarrollar un procedimiento nuevo, si no ha encontrado y erradicado la causa del error?*

17. *¿Por qué es ser demasiado optimista esperar que por haber encontrado la causa del error y sustituirla por un procedimiento correcto, el problema se haya solucionado?*

18. *Al sustituir por un nuevo procedimiento, ¿por qué es importante tener cuidado de que lo coloca en su lugar en cada ocasión?*

19. *¿Cuál es el método más efectivo de sustitución por patrones de acciones correctas?*

20. *Dé algunas razones por las que es el método más efectivo.*

Capítulo 4

Digitación

C. P. E. Bach, en su *Ensayo sobre el verdadero arte de tocar el teclado* (*Essay on the True Art of Playing Keyboard Instruments*), señala que se puede perder más por una mala digitación de lo que puede ser compensado por el talento artístico.

Lo que era verdad en 1753, cuando el *Ensayo* fue publicado, sigue teniendo validez hoy. El elemento más básico de cualquier interpretación buena es un patrón de digitación *adecuado*. La palabra *adecuado* es mejor que *correcto*, porque aunque hay muchas maneras erróneas de tocar un pasaje, rara vez hay una sola que sea correcta.

En gran medida depende del tamaño, de la forma y de la agilidad de la mano del ejecutante, así como de su habilidad mental para controlar y recordar el número y la sucesión de movimientos, que deben contarse por miles, requeridos para tocar cualquier pieza musical. La información requerida para reproducir esos movimientos en la sucesión correcta tiene que almacenarse en nuestro cerebro y estar disponible para su uso inmediato. Un modelo de digitación claramente definido es, por

tanto, esencial para «hacer presente» esa información con
exactitud. Un sistema de digitación adecuado:

1.- debe ajustarse a la mano de quienquiera que vaya a usarlo;
2.- debe permitir expresar la música tal como pretendía el compositor;
3.- debe hacer posible alcanzar la amplitud dinámica requerida
por la música (desde un *fff* hasta un *ppp*);
4.- debe permitir que se logre un movimiento preciso y uniforme, y
5.- debería ser lo más simple posible y fácilmente rememorable,
aunque permitiendo los requisitos previamente mencionados.

Una vez establecido un sistema adecuado, debería ser seguido cada vez que se toque la pieza. Este principio es obviamente necesario en las secciones difíciles, pero también tendría
que ser observado en los pasajes más simples. Éstos últimos a
menudo se ensayan poco y se tocan con la primera digitación
que a uno le viene a la cabeza, porque son «fáciles». Ésta es una
política de muy cortas miras, porque no son sólo esos pasajes
vagamente conocidos, sino aquéllos que les siguen los que probablemente sean abordados de una forma diferente en cada ocasión, de modo que las notas con las que empiezan estos fragmentos es algo que depende del azar. En el mejor de los casos
eso tiene un efecto perturbador, y en el peor puede crear un punto negro permanente.

Establecer cuál es el sistem. de digitación adecuado debería ser lo más esencial. Es imposible dar una fórmula que cubra
todas las posibilidades, pero sí es posible dar unas líneas maes-
tras sensatas.

Aunque no pueda tocarlas fluidamente, debería conocer las
digitaciones convencionales para todas las escalas y arpegios, o
al menos tener acceso a ellas. Hay un gran número de ocasiones
en que el modelo de digitación de una escala o de un arpegio
particular le será útil, aun cuando la pieza que esté tocando no

se encuentre en la misma tonalidad. Si no los conoce o no tiene acceso a ellos, adquiera un manual de escalas y arpegios. Hay muchos disponibles en el mercado. Eso le proporcionará una base firme desde la que podrá trabajar, así como desviarse de una forma consistente. Esta última observación es particularmente importante. Los patrones de digitación convencionales a menudo serán suficientes, pero hay muchas otras ocasiones, dependiendo del contexto de la música que esté tocando, en que no será así. A menudo es necesaria una adaptación sensata de los patrones de digitación para las primeras o las últimas notas de un pasaje, para hacerlo encajar pulcramente en el flujo de lo que lo ha precedido o de lo que sigue. Sólo se pueden hacer adaptaciones de los patrones convencionales si la digitación usual es algo con lo que ya está familiarizado. Diremos algo más acerca de las adaptaciones en párrafos siguientes, pero ahora debemos hacer una advertencia oportuna, antes de que los problemas se acumulen: debería marcar muy claramente cualquier adaptación de los patrones de digitación convencionales. Tener a mano un lápiz y una goma es tan necesario para un pianista cuando práctica como para un músico de orquesta que asiste a un ensayo. No asistir jamás a un ensayo sin ir equipado con un lápiz y una goma forma parte del entrenamiento de un músico de orquesta; de la misma forma debería ser parte del entrenamiento de un pianista no preparar nunca una sesión práctica sin tener cerca un lápiz y una goma. No es suficiente con tenerlos en la habitación contigua, ya que lo más probable es que sea allí donde se queden. Es una práctica peligrosa convencerse a sí mismo de que recordará fácilmente qué adaptaciones ha hecho sin tomarse la molestia de anotarlas; no lo hará.

Los pianistas competentes tienen que ser capaces de desarrollar las digitaciones por sí mismos. Dicho esto, no obstante, siempre es sensato usar las digitaciones indicadas en la partitura o por lo menos examinarlas con equidad. Si no se muestran como satisfactorias, altérelas lo menos posible. Un editor ha pasado mucho tiempo elaborando ese modelo de digitación, por lo que sería estúpido ignorarlo por completo. A pesar de que este consejo es perfectamente válido como regla general, hay ocasiones en las que las digitaciones dadas pueden ser alteradas para obtener un beneficio.

Las manos son diferentes. Difieren en cuanto a tamaño, longitud de dedos, la extensión de su envergadura y en el grosor de los dedos. Unos dedos largos pueden ser útiles, pero pueden ser una desventaja en cuanto a la precisión de la articulación. Unas manos capaces de abarcar una gran distancia pueden tener ciertas ventajas (Liszt era famoso por tener la capacidad de acotar una octava y media), pero podrían tener que hacerse ajustes en la digitación cuando se requiere ejecutar pasajes extensos en los que las notas están próximas entre sí. Unos dedos anchos pueden ser una maldición, pero en las manos de un maestro del teclado parecen ser una dificultad mínima. Denis Matthews, un magnífico intérprete mozartiano, en una ocasión me mostró una dificultad con la que había tenido que batallar a lo largo de toda su carrera. Sus dedos eran tan anchos que podían quedarse fácilmente atascados entre dos teclas negras contiguas, pese a que su ejecución era conocida por su limpieza y claridad de articulación.

Debido a las muchas variaciones que existen entre cada uno, no es posible para un editor idear patrones de digitación que encajen con las manos de todo aquel que desee interpretar una pieza en particular. Si por algún motivo le es necesario alterar la digitación dada, tache la que hay impresa en su partitura y anote la suya propia. Una vez haya hecho el cambio y haya comprobado que funciona, anótelo. Dejar cualquier rastro de una digitación que no piensa usar puede ser engañoso. Su ojo puede vislumbrar un 3 o un 4 o cualquier otro número, lo que podría provocar que usted tocara la nota con ese dedo, antes de que haya tenido tiempo de recordar que no quería hacerlo. Ya es fácil que las cosas vayan mal sin necesidad de invitar al desastre, así que asegúrese al escribir sus cambios de que sean claros, firmes y, cuando sea necesario, GRANDES.

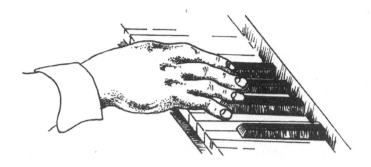

Chopin siempre insistió sobre la posición cinco dedos, cinco notas.

Empezar a desarrollar un patrón de digitación desde el principio, o alterar uno ya existente, implica la adopción de ciertos principios generales. Procure que el patrón siga siendo simple. El propósito de una digitación bien elaborada es que su mano esté en una posición que le permita realizar el próximo movimiento necesario de forma fácil y segura. Normalmente, la posición más confortable para su mano es la posición *cinco dedos, cinco notas*; ésta consiste en mantener sus dedos sobre un grupo de cinco notas y usar el dedo correspondiente para la nota que desee tocar. Es fácil convertirlo en un sistema de siete notas, sin alterar la posición de la mano, extendiendo tanto el meñique como el pulgar en una nota. Tiene sentido, por consiguiente, usar la posición cinco dedos, cinco notas siempre que pueda, y mover su mano por el teclado hacia arriba o hacia abajo manteniendo esa posición.

Chopin siempre insistía en esto a sus discípulos. Consideraba que la posición normal de la mano derecha era con los dedos situados sobre las notas mi, fa sostenido, sol sostenido, la sostenido y si, y la de la izquierda con los dedos sobre fa, sol bemol, la bemol, si bemol y do. Todo su método de enseñanza respecto a la digitación y el sonido empezaba con las manos en esa posición. Él enseñaba a sus estudiantes a practicar prime-

ro las escalas en *staccato*, y aconsejaba el *staccato* de muñeca
(esta técnica será explicada en el capítulo 5) como método para
contrarrestar la pesadez. La mano del estudiante estaba situada sobre las teclas de tal forma que la mano del profesor, situada bajo la muñeca del estudiante, apenas sentía presión alguna. Haciendo esto puede examinar fácilmente su propio
movimiento de muñeca.

La siguiente etapa de Chopin consistía en el *staccato* pesado, dejando los dedos apoyados más tiempo sobre las teclas.
Entonces el *staccato* pesado (véase pág. 72), se transformaba
en lo que él denominaba un «*legato* acentuado» (la técnica de
legato también será explicada en el capítulo 5) mediante la eli-
minación de los espacios entre las notas. Éste cambiaba sucesivamente a un *legato* en el que los dedos se levantan considerablemente por encima de las teclas. La última etapa consistía
en un *legato* interpretado con un recorrido dinámico que abar-
caba desde un *ff* (muy fuerte) hasta un *pp* (muy débil), y una
gama de velocidades que iba desde un *andante* hasta un *pres-
tissimo*.

Las digitaciones estándar de escalas y arpegios constitu-
yen una base fuerte, segura y fácil de recordar. También en-
carnan uno de los principios generales más importantes para
mover la mano a la posición requerida por las siguientes notas:
el paso de pulgar, acción consistente en pasar el pulgar por debajo y los dedos por encima. Chopin aconsejaba que durante el
ensayo los dedos debían mantenerse elevados para hacer esto.

Pasar el pulgar por debajo de la mano se consigue más fácilmente si el dedo precedente está sobre una tecla negra. Lo
inverso es también cierto; pasar los dedos por encima del pulgar es más fácil si éste se encuentra sobre una nota blanca y
el dedo siguiente cae sobre una tecla negra. Esta indicación
parece bastante obvia, pero en muchas ocasiones ocurre que
colocamos los dedos de blanca a blanca, cuando un pequeño
ajuste de la digitación nos permitiría usar el principio de blanca a negra o de negra a blanca. Por ejemplo, un patrón meló-

dico de mano izquierda basado en la escala de re mayor, se toca más fácilmente si se usa el cuarto dedo sobre el fa sostenido y el tercero sobre el do sostenido que si se usa la digitación convencional, en la que el cuarto dedo toca un mi y el tercero el si. El patrón convencional de mano derecha sí que usa el principio de blanca a negra y de negra a blanca cuando cruza el pulgar con el resto de los dedos, ya que el tercer dedo está sobre el fa sostenido y el cuarto sobre el do sostenido, por lo que es la forma más satisfactoria de tocar una escala de re mayor con la mano derecha.

El principio de negra a blanca y de blanca a negra para movimientos de paso de pulgar es muy útil. En casi todos los pasajes con escalas mayores siempre vale la pena intentar que coincida el cuarto dedo de la mano derecha sobre el si bemol, y en la mano izquierda el cuarto sobre el fa sostenido; cuando esto falle, el principio general de negra a blanca y de blanca a negra sigue siendo bueno.

El cruce de dedos, una variante del movimiento de paso de pulgar, es una habilidad que resulta útil adquirir, y fue muy favorecida por las obras de teóricos y prácticos del siglo XVIII sobre técnica de teclado. También fue enseñada por Chopin, particularmente para tocar acompañamientos en los que hubiera intervalos extensos entre notas.

El cruce de dedos permite extender un patrón en una o dos notas sin hacer un movimiento intencionado de la posición de la mano y el brazo. Por ejemplo, si un pasaje para mano derecha asciende hasta llegar al meñique, y hay que tocar una nota más antes de que el pasaje descienda de nuevo, a menudo es mucho más simple tocar esa nota añadida pasando el tercer o el cuarto dedo sobre el quinto, en especial si la tecla de esa nota es negra. Del mismo modo, si un pasaje descendente para mano derecha empieza en una tecla blanca seguida por una negra, puede resultar de ayuda comenzar con el cuarto dedo y seguir con el quinto, mejor que empezar con el quinto y seguir con el cuarto. Esto tiene la ventaja de que su mano mantiene la misma po-

sición relativa respecto a las teclas; usar primero el quinto y
después el cuarto usualmente comporta que debe adelantar la
mano sobre el teclado para permitir que su quinto dedo, que es
más corto, toque la tecla negra, y entonces usted estará en la
disyuntiva de retrasar su mano inmediatamente o bien, lo que
ocurrirá en muchos casos, de tener que encajar su cuarto dedo
entre dos teclas negras (un movimiento que no siempre podrá
llevar a cabo con limpieza). El cruce de dedos también puede
ayudar a extender la posición cinco dedos, cinco notas: al cru-
zar un dedo sobre el dedo meñique es posible mover la mano hacia una nueva posición, una nota por encima o una nota por debajo, sin necesidad de entrar en digitaciones complejas. Es
particularmente útil si la tecla a la que quiere llegar es negra.
Estas indicaciones se aplican igualmente a su mano izquierda.

Unos principios generales similares a éstos (usados en pasajes con escalas), se pueden aplicar a patrones de arpegios. La
denominación *paso de pulgar* es más común, pero tales movimientos probablemente son mejor descritos como «pulgar por
debajo y a través», o «dedos por encima y a través», lo que indica que para colocar su pulgar o sus dedos sobre las notas correctas su brazo necesitará realizar desplazamientos horizontales en la dirección en que desee ir, por lo que debe evitar
movimientos de la mano o de la muñeca antiestéticos y peligrosos. Cuando ejecute movimientos de paso de pulgar es inevitable un pequeño movimiento de la muñeca o de la mano, pero
debe ser reducido al mínimo, en atención tanto a la precisión
como a la comodidad.

Por tanto, no siempre es una buena política intentar conseguir simplemente usando métodos de digitación un movimiento
de nota a nota uniforme, continuo, en los patrones de arpegios.
En una proyección cinematográfica es la velocidad a la que las
imágenes son proyectadas sobre la pantalla lo que da la sensación de continuidad ininterrumpida. En realidad, como todos
sabemos, la continuidad se produce porque la velocidad a la que
las imágenes son proyectadas engaña al sentido de la vista. Si la

velocidad de la proyección disminuyese, podríamos percibir un grupo de imágenes como en *staccato*.

Lo mismo ocurre al tocar arpegios. Si somos capaces de dar la velocidad adecuada al movimiento, podremos engañar al oído y hacerle creer que las notas están unidas unas a otras, cuando en realidad hay un pequeño, aunque casi imperceptible, espacio entre ellas. Desafortunadamente, cuando tocamos no «sentimos» el *legato*, porque sabemos que esos espacios existen, pero debemos juzgar el sonido y no el sentimiento. Es mucho mejor practicar la velocidad y la precisión haciendo un desplazamiento horizontal de posición que intentar elaborar complicadas digitaciones para cubrir los espacios. No estamos diciendo que no se pueda lograr un auténtico *legato* con patrones de digitación, pero debemos evitar siempre los movimientos torpes o potencialmente arriesgados. En el capítulo 5, bajo el epígrafe «Ataque de tranferencia de peso» (pág. 69), se da una explicación de cómo obtener un *legato*.

Al usar el método de desplazamiento horizontal, intente colocar su mano en la posición en la que tocaría las primeras tres o cuatro notas del arpegio, como si de un acorde se tratase. (Las notas que forman los arpegios en todas las tonalidades se encuentran en cualquier libro de escalas y arpegios.) Mueva su mano hasta el siguiente grupo de notas, una octava por encima o por debajo, y examine cuánto necesita desplazar el brazo para conseguir que sus dedos pasen de una posición a la otra. Vuelva al grupo original y toque las notas consecutivamente, como en un arpegio, y entonces mueva el brazo hacia la posición que necesite para tocar el siguiente grupo. Durante esta etapa, no se preocupe si hay algún espacio en el arpegio. En un principio, lo importante es conseguir la distancia correcta del desplazamiento, evitar un exceso de movimientos involuntarios, cerciorarse de que el dedo correcto cae limpiamente sobre su nota y asegurarse de que la velocidad del desplazamiento horizontal del brazo no se usa verticalmente para tocar la primera nota del siguiente grupo (si esto ocurre, cada grupo comenzará con un acento, lo requiera o no la música). Los espacios que se producen entre cada cambio podrán ser evitados conforme usted se vaya acostumbrando al movimiento sobre las teclas. Haga esto para cada grupo de notas que forme parte del arpegio completo, y ensaye el movimiento necesario para poner su mano en el lugar correspondiente para tocar cada grupo. Finalmente, intente conseguir que su brazo se mueva con uniformidad y precisión a la posición correcta, llevando sus dedos sobre las teclas requeridas. Este ejercicio debería practicarse primero con cada mano por separado, y posteriormente con ambas a la vez.

Los saltos se realizan mejor con un uso acertado de los movimientos laterales de la mano y del brazo o del movimiento rotatorio del antebrazo (la rotación del antebrazo será explicada en el capítulo 5, pág. 75), pero deben ser ayudados por una digitación cuidadosamente seleccionada. Es muy difícil dar reglas breves y precisas, porque en gran medida dependen del tamaño del salto y de lo que ocurre antes y después de él. Las buenas ediciones de partituras tienen digitaciones sugeridas para tales pasajes y algunas incluso ofrecen alternativas. Haría bien en seguir las digitaciones dadas y en hacer sólo las modificaciones que sean absolutamente necesarias para acomodarlas al tamaño de su mano.

Cambiar de dedo sobre la misma tecla sin tocarla de nuevo puede ser un medio útil de alterar la posición de la mano. Esto puede demostrarse fácilmente: toque una nota con el meñique y contraiga entonces la mano y sustituya el meñique por el pulgar sin presionar de nuevo la tecla. Podrá observar que por ese simple movimiento ha desplazado su mano a través de un considerable número de teclas sin saltos. Es ventajoso para tocar pasajes con *legato*, a menudo evitando un uso excesivo del pedal de resonancia que podría causar un emborronamiento de las armonías. Como tantas otras técnicas útiles, es necesario regularla cuidadosamente, a fin de que no se convierta en algo habitual. Un uso continuo del cambio de dedo puede interferir en el desarrollo de muchos patrones de digitación inteligentes y fiables. La habilidad para arrastrarse por el teclado haciendo cambios de dedo puede inhibir patrones de digitación más atrevidos.

Cambiar de dedo para facilitar que las repeticiones de la misma nota sean rápidas, limpias y precisas, es una habilidad útil que debe ser alentada. Sin embargo, llegó a ser casi un fetiche para los editores de música de piano de finales del siglo XIX y principios del XX, y en muchas de las ediciones de las obras de Chopin, así como de otros compositores, se sugiere un cambio de dedo en cada ocasión en que se repite la misma nota, con independencia de si tal cambio es necesario o incluso fácilmente practicable. La práctica moderna permite en muchos más casos tocar una misma nota con el mismo dedo, pero cambiar de dedo para repetir una nota puede ser de ayuda, tanto desde el punto de vista de la claridad como para prevenir la fatiga de la mano o del dedo.

La digitación direccional también tiene ventajas. Al tocar arpegios puede ser útil alejarse del centro del teclado usando un patrón de digitación 1-2-3-1-2-3, pero cuando nos movemos acercándonos al centro del teclado es más útil usar un patrón 4-2-1-4-2-1. Hacerlo así le ayudará a llevar su mano más lejos de lo que lo haría usando un patrón 1-2-4 para subir y un 3-2-1 para bajar.

Evite las extensiones entre el dedo tercero y el cuarto o entre el cuarto y el quinto, y viceversa. Una tercera menor (un intervalo de tres semitonos, como, por ejemplo, el que hay entre re y fa) podría hacerse con comodidad, pero intentar un intervalo de tercera mayor (un intervalo de cuatro semitonos, como el que hay entre re y fa sostenido) o más, puede resultar arriesgado. De nuevo, en gran medida depende de su propia mano, pero lo más normal es que cometa errores en las notas simplemente porque está usando esos pares de dedos para extensiones a las que no se pueden ajustar fácilmente.

Recuerde que no todos sus dedos tienen la misma longitud. Si necesita usar el pulgar o el meñique en una tecla negra, encontrará que mover su mano hacia el interior de las teclas y retirarla de nuevo cuando se necesiten esos dedos para las notas blancas puede facilitar su ejecución. Cuando se usa esta técnica, algunos patrones de digitación que parecían imposibles devienen no sólo manejables, sino incluso inteligentes y adecuados.

Vale la pena señalar que algunas partituras muy antiguas de música para piano tienen la que es conocida como *digitación inglesa*. En este sistema el pulgar es indicado por un + y los dedos van numerados del 1 al 4, correspondiendo el 1 al índice y el 4 al meñique. El sistema de digitación utilizado actualmente, en el que al pulgar se le adjudica el número 1, es conocido como *digitación continental*.

Intente, en la medida en que le sea posible, usar la misma digitación para cada elemento de una secuencia. Se crea una secuencia cuando un grupo reconocible de notas, que usualmente crea un patrón melódico, armónico o rítmico, se toca varias veces a diferentes alturas. Por ejemplo, melódicamente, las notas re, fa sostenido, si, la, seguidas de sol, si, mi, re, seguidas de do sostenido, mi sostenido, la sostenido y sol sostenido, forman una secuencia.

A veces, como en el caso de esta secuencia melódica, la disposición de las teclas blancas y negras en cada una de las repeticiones es tal, que usar la misma digitación podría no ser algo inmediatamente obvio. Empezar con el pulgar en el re en el primer patrón y con el pulgar sobre el sol en el segundo, es bastante obvio, pero no lo es tanto empezar con el pulgar en el do sostenido en el último patrón. No obstante, teniendo en cuenta el uso de los movimientos de mano hacia el interior y el exterior del teclado (adelantar y retrasar) descritos anteriormente, es posible, y en verdad preferible, dejar el modelo de digitación (1, 2, 4, 3) inalterado.

Al comienzo de este capítulo hice una lista con cinco puntos que debían tenerse presentes para elaborar patrones de digitación, a los que quisiera añadir una sugerencia más. La digitación adoptada también podría tener en cuenta la velocidad a la

Adelantar y retrasar. Use la misma digitación para tocar esta corta secuencia. Cuando el tercer dedo toque el re al final del segundo compás, adelante su mano hacia el interior del teclado, para que así el pulgar caiga fácilmente sobre el do sostenido del principio del tercer compás.

que la música es tocada. Los patrones que funcionan correctamente a velocidades lentas podrían no ser siempre apropiados a velocidades rápidas. Por ejemplo, podría ser más seguro usar un desplazamiento horizontal que mantener la mano y el brazo estáticos e intentar movimientos de paso de pulgar.

En este capítulo nos hemos preocupado por ganar fluidez y continuidad exclusivamente mediante la digitación. En la práctica, el pedal de resonancia, usado juiciosa y discretamente, puede ayudar enormemente a los dedos, pero ese esa cuestión pertenece a otro capítulo.

Preguntas

1. ¿Por qué es tan importante la digitación?
2. ¿Por qué es mejor la palabra adecuado que correcto en referencia a los patrones de digitación?
3. Enumere algunas de las características de una digitación correcta.
4. ¿Por qué es necesario usar en cada ocasión el mismo sistema de digitación?
5. ¿Por qué es importante adoptarlo tanto para las secciones fáciles como para las difíciles?
6. Dé razones por las que es conveniente conocer las digitaciones convencionales de todas las escalas y arpegios, o al menos tener acceso a ellas, incluso aunque no pueda tocarlas con fluidez.
7. ¿Por qué razones podría ser apropiado desviarse de las digitaciones normales?
8. ¿Por qué un lápiz y una goma son accesorios importantes para una sesión práctica?
9. ¿Por qué es sensato juzgar equitativamente las digitaciones impresas en su partitura?
10. ¿Por qué razones podría considerar la posibilidad de alterar las digitaciones dadas?
11. Diga qué es lo que tendría que hacer siempre después de cambiar una digitación:
    a) Con respecto a su uso.
    b) En relación con su partitura.
12. Cuando cree o altere patrones de digitación, ¿qué cosas debería tener presentes?
13. ¿Qué significa una posición normal cinco notas, cinco dedos?
14. ¿Cuáles son sus ventajas?
15. ¿Cuál es uno de los principios generales más importantes para mover la posición de la mano?
16. ¿Cuál es el principio blanca a negra y negra a blanca?

17. *¿Qué significa el término* cruce de dedos?

18. *Cuando toca arpegios, ¿por qué es necesario un movimiento horizontal?*

19. *¿Cómo debería practicar el uso del desplazamiento horizontal para tocar arpegios? ¿Cuál era el consejo de Chopin?*

20. *¿Por qué no debería preocuparse por los pequeños espacios en la continuidad de sus arpegios, al principio?*

21. *¿Cómo y por qué un cambio de dedo sobre la misma nota puede ser útil para alterar la posición de la mano?*

22. *¿Cuáles son sus ventajas e inconvenientes?*

23. *Describa el propósito de la digitación direccional.*

24. *¿Por qué debería tener cuidado con las extensiones entre el dedo 3.º y el 4.º y entre el 4.º y el 5.º?*

25. *¿Qué quiere decir el término* secuencia *y por qué es aconsejable usar la misma digitación para cada uno de sus elementos?*

26. *Además de los cinco puntos enumerados al inicio del capítulo, ¿qué otro factor debe ser considerado?*

Capítulo 5

El ataque

El ataque de las teclas es un asunto conflictivo. Hay muchas ideas diferentes acerca de cómo se deberían golpear, presionar, pulsar o cualquier otro término que se quiera, para que recorran la distancia de 1 centímetro que hay entre su posición de reposo y la base del teclado.

Aunque no es esencial tener un gran conocimiento de la mecánica del piano, hay cierta información que sí es valiosa. A menos que sepa muy bien qué es lo que está haciendo, es imprudente empezar a hacer ajustes al instrumento mismo, pero desde el punto de vista de la ejecución es útil saber qué ocurre en el interior del piano cuando se presiona una tecla o se usa un pedal. La información ofrecida en el capítulo 1 se refería, principalmente, al asesoramiento a la hora de comprar un instrumento, pero al tratar del ataque esa información, aunque similar, necesita ser tratada de forma diferente.

Cuando consideramos el ataque, la profundidad del calado es un factor importante. El calado estándar es de aproximadamente 1 centímetro. Si el de su piano es mayor, lo encontrará pesado y, por tanto, cansado de tocar, en particular al tocar algo rápido. Si, por el contrario, es menor, aunque será más ligero y fácil de tocar rápidamente, tendrá dificultades para controlar la velocidad, la fuerza y el sonido. Es fácil observar por qué un piano con un tacto pesado puede ser en cierto sentido un problema, pero podría no ser tan obvio por qué uno ligero puede ser también perjudicial. Si su piano suena con demasiada facilidad y rapidez, el estar continuamente bajo la presión de tener que limitar su velocidad puede llegar a inhibirle y a ser peligroso. Además de eso, usted tendrá menos control dinámico. Encontrará más dificultad para tocar delicadamente y, como verá en el siguiente capítulo, la dinámica y el control del sonido están estrechamente vinculados.

La calidad del sonido de su piano está determinada por la calidad de su fabricación y la habilidad del fabricante. Podría encontrar esta escueta afirmación desconcertante, pero pese a todo, es cierta. Puede tocar el instrumento del modo que quiera, pero no podrá alterar su calidad tímbrica básica. Sin embargo, no puede negarse que, con el mismo instrumento, algunos intérpretes pueden producir un sonido mucho mejor que otros. Estos dos hechos parecen irreconciliables. La respuesta a este aparente dilema debe estribar en lo que entendemos con la palabra *sonido*. Dado que la calidad del sonido de un instrumento siempre es el mismo, sea quien sea el que lo toque, la diferencia que se observa al comparar a dos intérpretes sólo puede justificarse por la manera en la que cada uno usa la calidad tímbrica que es común a ambos.

Está claro, por tanto, que podemos usar la palabra *sonido* para referirnos a dos cosas completamente diferentes, y al hacer esto somos propensos a confundir los dos conceptos y, peor todavía, a confundir a otros cuando hablamos acerca de esos dos aspectos como si fueran uno solo. En cuanto al sonido del instrumento (el timbre), no podemos hacer nada, debemos aceptarlo tal cual es; pero estamos en una situación muy diferente si consideramos cómo vamos a usar ese sonido. Aquí tenemos un control completo, pero sólo puede ser ejercido sobre la duración e inten-

sidad de la nota. La intensidad depende de la velocidad de la tecla, por lo que nuestra atención debe estar dirigida al modo en
que usamos nuestros dedos, manos y brazos para comunicar la velocidad requerida en el momento adecuado. Escuchando atentamente los sonidos que producimos, podemos tomar decisiones
acerca de lo bien que transmiten el significado de cualquier pieza musical que deseemos tocar. Pero el procedimiento de audición
debe hacer algo más que eso; también debe dirigir las acciones
que realicemos para producir el sonido. Con eso quiero decir que
tener en mente una calidad de sonido particular puede ayudar a
nuestro sistema autoorganizativo a juzgar, antes de realizar cualquier acción, cómo vamos a pulsar la tecla.

Todo esto está muy bien, pero ¿qué tenemos que hacer, realmente, para lograr tan encomiables fines? Muchas de las explicaciones que siguen sobre tipos de ataque pueden parecer largos, pero los procesos en sí, una vez dominados, requieren poco
tiempo para ponerse en marcha.

Brazo equilibrado

El primer paso consiste en practicar manteniendo los dedos, manos y brazos en una postura equilibrada. Los músculos sólo pueden contraerse, no pueden empujar, por lo que para conseguir que
brazos, manos y dedos se muevan en cualquier dirección son necesarios varios grupos de músculos similares. Al decir estado
equilibrado, debe entenderse que en cualquier posición en que
tenga los dedos, la mano y el brazo, los músculos deberían ejercer la cantidad de fuerza mínima para evitar que los miembros se
desplomen. Pruebe lo siguiente: siéntese lejos del piano, en una
silla sin brazos, apoye el antebrazo derecho sobre la rodilla y re-
lájelo tanto como pueda, de modo que permanezca reposando pe-
sadamente sobre ella. Después, piense en levantar todo el brazo
como si fuera a tocar el piano, pero *sin hacer ningún movimiento
real* (este punto es muy importante); entonces, sin mover de he-

cho el brazo, deje que sean los propios músculos del brazo los que tomen todo el peso. Ahora su brazo, aun cuando no lo haya movido, debería sentirse más ligero sobre la rodilla. Practique esto unas cuantas veces para familiarizarse con la sensación de sostener sólo el peso de su brazo sin levantarlo. Pruebe la misma experiencia con el brazo izquierdo, y después con los dos brazos a la vez. Cuando se haya familiarizado con la sensación de un brazo equilibrado, tendrá una guía inmediata acerca de lo tenso que está su brazo. Sin esta guía , es difícil juzgar el grado de tensión de sus manos y brazos. Tanto una cantidad demasiado grande de tensión como un grado de relajación excesivo son perjudiciales para el movimiento, y su habilidad para asumir rápidamente y con precisión el estado de equilibrio incrementará notablemente su desenvoltura.

Una vez familiarizado con la sensación de equilibrio, eleve los brazos como si fuera a tocar el piano, manténgalos ahí e intente provocar una sensación similar en sus brazos y manos como el que tenía cuando descansaban sobre las rodillas. No los sentirá totalmente libres, porque sus músculos estarán soportando el peso de los brazos, pero intente hacer que se sientan todo lo libres que pueda. He dudado en usar la palabra *relajado* en este contexto, porque un brazo relajado debe caerse y colgar flojamente a un lado. Es necesaria cierta tensión en el hombro para mantener el brazo en una posición en que se pueda tocar el piano, así como en las articulaciones del codo y de la muñeca, para que no se desplomen. Ahora mueva los antebrazos, manos y dedos como si estuviera tocando el piano, y mientras intente retener la sensación de libertad y equilibrio que tenía cuando al principio colocaba los brazos como para tocar el piano. Todavía en esa posición, aplique justo la fuerza necesaria para alargar el brazo derecho como si fuera a tocar una nota aguda, detenga el movimiento cuando su mano esté sobre la nota imaginaria y deje que su brazo, su mano y sus dedos vuelvan a la sensación de equilibrio. Haga esto varias veces, volviendo al estado de equilibrio tan pronto como su mano alcance la posición de la tecla imaginaria. Haga lo mismo con la mano izquierda, apuntando a una nota grave, y entonces repita el ejercicio con las dos manos a la vez. El objetivo de este ejercicio es practicar el restablecimiento del estado de equilibrio lo más rápidamente posible después de hacer un movimiento lateral del brazo. Cualquier movimiento debe ser hecho con el mínimo esfuerzo, y debería ser capaz de volver al estado de equilibrio inmediatamente después de que ese mínimo esfuerzo haya cumplido su función, para estar listo para el próximo movimiento.

Tipos de ataque

A pesar de que muchas composiciones modernas requieren que las teclas sean golpeadas con la palma de la mano, el puño, el antebrazo, o de cualquier otra manera, el modo más usual de tocarlas consiste en usar sólo las yemas de los dedos. Cuando hablamos de ataque de mano o muñeca, de ataque de antebrazo, ataque de brazo entero o ataque de dedos, nos referimos a la fuente de la fuerza que impulsa nuestro dedo hacia la tecla.

Ataque de dedo

En este tipo de ataque golpeamos sólo con la fuerza del dedo, sin la ayuda de ningún movimiento de la mano, la muñeca o del brazo.

Ataque de muñeca o de mano

En este tipo, la fuerza para golpear la tecla proviene en exclusiva del movimiento vertical de la mano que se realiza articulando la muñeca. El dedo usado para golpear la nota debe estar bastante firme, para que no se «desmorone» por la presión.

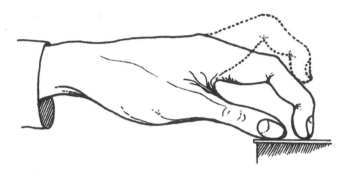

Ataque puro de dedo: el movimiento proviene exclusivamente de la articulación del nudillo.

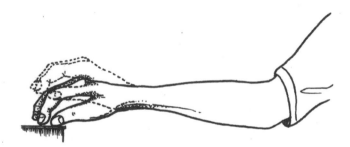

Ataque puro de mano o de muñeca: el movimiento deriva exclusivamente de
la articulación de la muñeca.

Ataque de antebrazo

La fuerza para pulsar la tecla proviene exclusivamente del movimiento vertical del antebrazo, que pivota en el codo. En este
caso, tanto los dedos como la mano deben permanecer firmes.
Hay otros tipos de ataques de antebrazo, pero los describiremos
posteriormente.

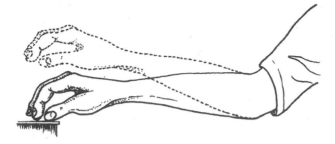

Ataque puro de antebrazo: el movimiento proviene exclusivamente de la articulación del codo.

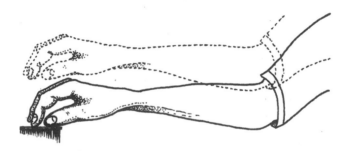

Ataque puro de brazo entero: el movimiento deriva exclusivamente de la articulación del hombro.

Ataque de brazo entero

La fuerza para pulsar las teclas viene exclusivamente del movimiento vertical del hombro, y todas las articulaciones desde éste hasta la punta de los dedos deberían permanecer inmóviles.

Estas breves descripciones hacen referencia a lo que podemos denominar ataques «puros», que significa que la fuerza del ataque proviene del movimiento de una única articulación, sin el auxilio de ninguna otra. He usado la expresión *movimiento vertical* en relación con los ataques de mano, de antebrazo y de brazo para distinguirlos del movimiento lateral necesario para colocar los dedos sobre las notas correctas.

Recuerde, cuando use alguno de estos tipos de ataque, su brazo debe permanecer en estado de equilibrio, tanto como sea posible. Sólo se necesita una cantidad mínima de tensión para ejecutar cada acción, y después de que un movimiento para pulsar una tecla haya sido llevado a cabo, su brazo debería volver al estado de equilibrio lo más rápidamente posible, esté o no presionando la nota todavía.

Estas ataques raramente son usados en su forma pura, a excepción del ataque de dedo. El movimiento de dedos a menudo se usa para ayudar a otras formas de ataque; el movimiento de mano o de muñeca puede asistir a los ataques de antebrazo y de brazo; y el movimiento de antebrazo asiste al ataque de brazo. Usar los ataques combinadamente ayuda a prevenir la rigidez, a la vez que permite hacer regulaciones precisas de la velocidad que imprimimos a la tecla y, por tanto, controlar el volumen del sonido. Incluso si los ataques no son usados en su forma pura, es importante ser consciente en cada momento de cual es la fuente de la principal fuerza impulsora. Si, por ejemplo, estamos produciendo un volumen demasiado elevado, podríamos elegir usar una fuerza impulsora que estuviera controlada por músculos más débiles —la mano en lugar del brazo, por ejemplo—; pero si no lo podemos hacer fácilmente, podríamos permitir que nuestra muñeca se hunda, de forma controlada, de forma que absorba parte de la fuerza transmitida a la tecla, controlando de ese modo su velocidad.

La técnica del hundimiento controlado de una articulación concreta es un método útil y eficiente para asegurar un control preciso sobre el volumen. Un pequeño rebote de la articulación de la muñeca puede ser comparado con la pequeña flexión de rodillas que hacemos cuando saltamos para absorber parte del impacto. Con la práctica, el leve rebote de la muñeca puede tener un notable efecto sobre el volumen, en especial de los acordes que requieren que la mano y los dedos estén en una posición bastante firme para asegurar que todas las notas suenen a la vez. Usar las articulaciones de esta forma pueden ser comparadas con un muelle de acero —duro, pero flexible— en lugar de hierro colado —duro, pero rígido.

En términos generales, cuanto mayor es el miembro que usamos, mayor puede ser el volumen, ya que cuanto mayores son los músculos mayor es la fuerza de que se dispone para imprimir velocidad a la tecla. Aunque no es necesario que los músculos más grandes sean usados solamente para crear un sonido fuerte, para producir un sonido suave serán más incómodos que los pequeños.

Ataque de transferencia de peso

Se consigue tocar *legato* con más fiabilidad si usamos lo que usualmente se denomina *ataque de transferencia de peso*, en lugar de los tipos de ataque que describimos anteriormente. Las siguientes indicaciones le ayudarán a crear la sensación correcta en sus dedos, manos y brazos para producir el ataque de transferencia de peso.

Sostenga el brazo derecho en la posición de equilibrio de modo que el dedo medio toque el sol por encima del do central. Pulse el sol y aguántela usando la mínima fuerza posible. Ahora, relaje gradualmente los músculos del hombro, que hasta ahora habían estado sosteniendo suavemente su brazo, y permita que el peso del brazo caiga en la tecla a través de la muñeca, la mano y el dedo, y asegúrese de que las articulaciones de la muñeca y de los nudillos no se hunden bajo la presión del peso. No pulse físicamente la tecla; en lugar de eso permita que el peso del brazo aguante sobre la tecla, manteniendo el antebrazo, desde las articulaciones del nudillo hasta el codo pasando por la muñeca, en una postura horizontal o bien descendiendo suavemente hacia la tecla. Debería notar que el hombro y la parte superior del brazo están bastante relajados, pero que el dedo está soportando un peso considerable.

Pudiera ser que el nudillo del dedo medio esté más elevado que los del resto de dedos, por el peso extra que tiene que soportar.

Para comprobar que todo es correcto, ponga de nuevo el brazo en estado de equilibrio mientras presiona el sol, reduciendo así el peso que hay sobre el dedo. Después, deje que el peso baje otra vez de nuevo hasta el dedo, lo justo parra relajar los músculos del hombro. Haga esta transferencia varias veces, moviendo nada o casi nada el dedo, la mano o el brazo, hasta que esté seguro de que en cada ocasión puede crear la sensación de soportar el peso del brazo sin hacer fuerza hacia abajo, es decir, sin presionar.

Mientras mantiene el dedo medio sobre el sol deje que el peso descienda de nuevo hacia el dedo; entonces levante el índice por encima de la tecla fa y golpéela transfiriendo el peso desde el brazo hasta el índice, levantando al mismo tiempo el dedo medio del sol. Su índice, al presionar hasta el fondo el fa debería pasar por el punto de inicio (véase pág. 21) en el mismo momento en que su dedo medio está a punto de empezar a subir para abandonar el sol. Algunos profesores describen esta acción como un movimiento de balancín; piense como piense en ese movimiento, el hecho es que un dedo debe pasar junto al otro a esa altura. Cuando el índice hunda completamente la tecla y reciba el peso del brazo, probablemente verá que su nudillo está más elevado que los demás.

Toque ahora fa, sol, la y si sucesivamente, transfiriendo el peso del brazo de una nota a otra, y observe qué ocurre con sus nudillos, notando cómo el peso del brazo se desplaza de un dedo a otro. El dedo cuarto tiene que trabajar mucho más que el índice (o segundo) para aguantar el peso, y su nudillo puede verse más prominente que los demás —lo mismo podría decirse del meñique. Continúe tocando esas cuatro notas en todo orden posible, no vaya sólo de una nota a la adyacente, y asegúrese de que el peso del brazo pasa de un dedo a otro, sin ninguna interrupción. Mientras sus dedos estén a la altura de las teclas o por encima de ellas, su brazo no tiene que alcanzar un estado de equilibrio en ningún momento. Escuche todas las notas que toque. No debe haber pausa alguna entre los diferentes sonidos ni variaciones en el volumen.

Si desea que algunas notas suenen más fuertes que otras, baje el dedo más rápidamente sobre la tecla. También puede aligerar el peso del brazo aproximándolo al estado de equilibrio, permitiendo que los músculos del hombro aguanten más peso del brazo. Las alteraciones en la velocidad y en el peso con que golpea las teclas producirán diferentes volúmenes de sonido, pero si quiere mantener un *legato* uniforme necesitará concentrarse en mantener constante la cantidad de peso transferido, sea éste el que sea. Después de un poco de práctica tendría que ser capaz de tocar un excelente *legato* siempre, con las variaciones de volumen que se requieran. A menos que se indique lo contrario, generalmente se espera que toque *legato*, y si las notas están unidas por una indicación de ligadura o de frase no cabe ninguna duda.

El ataque de transferencia de peso es una de las técnicas de teclado más fundamentales. Con una finalidad práctica, al menos hasta que domine la técnica perfectamente, aplique siempre un peso considerable y mantenga el nivel de volumen elevado.

De esta forma será capaz de «notar» la transferencia de peso con más seguridad que si el peso del brazo fuese mínimo. En un principio, lo importante es que practique la técnica de transferencia; posteriormente se encontrará con que la está usando de forma inconsciente en todos los pasajes *legato*, con independencia de la velocidad o el volumen. La reacción ascendente al peso del brazo que se siente en las manos y en los dedos es lo que le ayudará a mantener el sonido uniforme. Conforme se familiarice con la sensación de peso en los dedos y en los nudillos será capaz de detectarlo y usarlo, por mínimo que sea el peso que esté aplicando.

Las melodías consistentes en notas contiguas o que están al alcance de la mano pueden tocarse sin esfuerzo mediante el ataque de transferencia de peso; pero aquellas que contienen saltos amplios pueden presentar algunas dificultades. Para que el ataque de transferencia de peso sea efectivo, el peso de su brazo tiene que desplazarse continuamente sobre el teclado, pero eso no es posible cuando necesita desplazar las manos lateralmente para efectuar un salto considerable. Para cubrir este hueco podría serle útil el *legato* de pedal, técnica que veremos en el capítulo 8, página 115, pero si la mano permanece alejada de las teclas muy poco tiempo podemos conseguir bastante sin necesidad de usar el pedal. Practique la técnica de saltar en el menor tiempo posible: mantenga presionada la tecla hasta que sea virtualmente imposible llegar a tiempo a la próxima nota; en ese momento salte a la próxima nota tan rápidamente como pueda. Esta indicación parece suficientemente obvia, pero hay peligros. La velocidad a la que se presiona la tecla rige el volumen del sonido, por lo que debemos evitar usar la velocidad del movimiento lateral para golpear la tecla hacia la que nos desplazamos.

Si no es así, hará un acento y a menos que la música lo requiera en ese punto, un acento es lo último que uno quiere cuando toca *legato*. Para evitarlo, el salto debe hacerse de forma rápida y precisa, y cuidadosamente controlada. Al final del salto, el dedo debe «caer» sobre la tecla, no golpearla. Es sorprendente lo hábil que se puede llegar a ser cubriendo lo que debería ser una pausa en la transferencia de peso. Por lo general, tendrá la pretensión de tocar las dos notas entre las que está el salto con un volumen similar, pero no siempre es necesario. Deben ajustarse a la intensidad de la frase en la que están, pero es más fácil acomodarlas si se permite una pequeña diferencia de volumen. Acompañe esta habilidad con un uso juicioso del *legato* de pedal (descrito en la página 115) cuando sea necesario, y podrá conseguir un sonido de *legato* muy bueno en cualquier circunstancia.

Ataque staccato

Tocar *staccato* necesita una aproximación diferente. Cuando hay un punto debajo o encima de una nota quiere decir que el compositor o el editor indican que esa nota debe tocarse con un ligero *staccato*. La instrucción *staccato* se refiere únicamente al *final* de la nota, y no a su *principio*. Con esto quiero decir que cuando se nos pide que hagamos una nota *staccato* simplemente tenemos que dejar de tocarla antes, y no tocarla con más intensidad que sus vecinas. A menudo, los estudiantes en su avidez por dejar la nota pronto pulsan con más fuerza al principio. Esto ocurre simplemente porque sus pensamientos están tan concentrados en aplicar la suficiente fuerza para poder retirar rápidamente la mano de la nota, que incurren en el error de suministrar esa fuerza una fracción de segundo antes de lo necesario, de ahí que produzca una nota corta, pero acentuada. Cuando necesitamos un *staccato* reforzado *(stacatissimo)* se indica con una especie de pequeño triángulo por encima o por debajo de la nota (véase pág. 131).

Para tocar una nota con *staccato* ligero deberíamos abordarla como si tocáramos *legato*, pero con una duración un poco menor a lo indicado por la partitura, creando una mínima pausa entre ella y la siguiente nota, lo justo para permitir «que pase la luz». Interpretadas de esta manera, una corchea *staccato* y una negra *staccato* tienen una duración diferente. Tocando *legato* nadie haría una negra con la misma duración que una corchea (o al menos eso es lo que esperamos), pero es sorprendente cuántos estudiantes hacen una negra *staccato* tan corta como una corchea *staccato*.

Staccato de dedo

El *staccato* más que una forma específica de ataque es un estilo, pero su ejecución está regida por cómo usamos nuestros dedos y manos, y eso debe ser considerado en este momento. La mejor manera de tocar la forma más ligera de *staccato*, en especial cuando se toca velozmente, es con el ataque de dedo. Algunas autoridades sugieren una acción acariciante, arrastrando el dedo a través de la tecla hacia la palma de la mano, mientras que otros recomiendan un alzamiento vertical del dedo. Ambos métodos requieren un brazo equilibrado y una acción delicada de los dedos.

Staccato de mano o de muñeca

Se realiza alzando la mano y usando sólo la articulación de la muñeca. Este tipo de *staccato* se consigue más fácilmente si el antebrazo se mantiene ligeramente por encima del nivel del teclado y se permite que la mano y los dedos apunten hacia las teclas, que si mantiene la muñeca baja y alza la mano por encima de ella. Este es la clase de *staccato* que Chopin aconsejaba usar a sus discípulos para contrarrestar la pesadez en la ejecución (véase pág. 50). Una nota *staccatissimo* se toca con un acento y normalmente se permite que suene sólo un instante, pero incluso así una negra marcada como *staccatissimo* debería ser más larga que una corchea con la misma indicación.

Non legato

Hay un estado intermedio entre el *legato* y el *staccato* llamado *non legato*. Éste es un efecto muy útil que puede añadir claridad sin llegar a estropear el fluir general de la música. Para lograr una buena técnica de *non legato*, toque primero el pasaje en cuestión con un *legato* bien controlado. Cuando suene suave y uniformemente, rompa la sensación de transferencia de peso entre cada nota, permitiendo que la tecla que suba complete su recorrido ascendente justo antes de que la tecla que esté descendiendo pase por el punto de inicio. La ruptura de la sensación de transferencia de peso no debería ser tan perceptible como en un pasaje *staccato*, pero a su vez ahora tendría que ser lo suficientemente significativa para separar las notas en cuestión.

La duración real de las notas, así como los espacios entre ellas, sólo pueden ser decididos tras haber realizado una escucha cuidadosa.

Rotación de antebrazo

Otra técnica de considerable utilidad para todo pianista es la rotación de antebrazo. Primero pruebe este ejercicio preliminar lejos del teclado. Siéntese de nuevo en su silla sin brazos, coloque la mano derecha como si se dispusiera a tocar, cierre ligeramente los dedos hasta cerrar el puño y mantenga el brazo en un estado de equilibrio. Gire el puño en el sentido de las agujas del reloj, moviendo el antebrazo solamente por la articulación del codo, hasta que sus dedos estén completamente hacia arriba, y después gírelo en el sentido contrario a las agujas del reloj, hasta que el reverso este completamente hacia arriba. Realice esta operación unas cuantas veces, dejando la parte superior de su brazo completamente inmóvil y girando solamente el antebrazo. Haga el mismo ejercicio con el puño izquierdo. El brazo debería permanecer en estado de equilibrio, la única tensión que hay sobre el hombro es la mínima para soportar el brazo y la única fuerza que debe ejercer el brazo es la justa para ejecutar el movimiento de rotación. No permita que su brazo se agarrote; si lo hace, use menos fuerza.

Ahora siéntese al piano, coloque la mano, pero en esta ocasión ábrala, como si realmente estuviera a punto de tocar. Manteniendo la mano en un estado de equilibrio, aguantada por el hombro, como anteriormente, coloque el pulgar a unos 2,5 centímetros por encima del do central y el dedo meñique a una distancia similar del do que está una octava por encima. Gire el antebrazo en el sentido contrario a las agujas del reloj con una intensidad suficiente como para que el pulgar toque el do central mientras se asegura de que no se hunde bajo el impacto. Ahora gire el antebrazo en el sentido inverso manteniendo el meñique lo bastante firme para tocar el do más agudo. De igual modo que con el pulgar, no deje que el meñique se hunda. La rotación debería hacer que el pulgar se coloque a una altura entre 7 y 10 centímetros por encima del do central. Ahora rote el antebrazo de nuevo en el sentido contrario a las agujas del reloj, impulsando otra vez el pulgar sobre el do central y elevando el meñique al menos entre 7 y 10 centímetros por encima de su do. Continúe rotando el antebrazo de modo que toque las dos teclas alternativamente. Incremente poco a poco la velocidad de la rotación hasta que se mueva todo lo rápido que pueda sin agarrotarse. Alterar la velocidad del movimiento sobre la tecla incrementará y disminuirá el volumen a la vez que rota el antebrazo, pero nunca permita que se le agarrote el brazo o la muñeca.

Practique el mismo ejercicio preliminar con la mano y el antebrazo izquierdo. Haga algo similar a lo que hizo con la mano derecha, usando el pulgar sobre el do central y el meñique sobre el do que está una octava por debajo. Tenga la misma precaución para evitar un agarrotamiento de la muñeca o del brazo.

La rotación de antebrazo es un movimiento de brazo natural y fundamental para tantas tareas cotidianas que su uso pasa desapercibido. Sólo cuando se aplica a una actividad específica, como tocar el piano, es necesario explicar el movimiento de alguna manera. De forma similar al ataque de transferencia de peso, la rotación de antebrazo es uno de los elementos básicos de la técnica de piano. Su uso tal y como lo he descrito produce un «roll» de piano, pero ese es sólo uno de sus muchos usos. Mi descripción también enfatiza el movimiento de rotación sugiriendo que el pulgar y el índice deberían levantarse alternativamente por encima de las teclas. Lo hice así para ilustrar el movimiento natural y para animarle a familiarizarse con esa sensación. En la práctica lo más probable es que la rotación sea pequeña. De hecho, para un observador podría pasar completamente desapercibida, pero para un intérprete incluso la cantidad más insignificante de rotación con frecuencia puede ayudar a muchos movimientos sobre el teclado. Con su uso, algunos saltos se pueden realizar más fácilmente y también puede ser útil para incrementar la velocidad y el volumen cuando tocamos trinos con sólo dos dedos.

No obstante, como muchas otras técnicas útiles, la rotación de antebrazo puede ser usada en exceso. Es muy fácil adquirir el hábito de tocar notas rotando la muñeca en lugar de golpearlas directamente con los dedos. Es una técnica por derecho propio, útil para asistir a otras formas de ataque, pero no para sustituirlas.

La acción «empujar» de la técnica de *vibrato*; la muñeca va paralela a las teclas y la mano es empujada hacia el interior del teclado.

La acción «tirar» de la técnica de *vibrato*; la muñeca está levantada y la mano retrocede hacia el borde de las teclas.

Vibrato

Se ha dicho que cuando Lizt tocaba octavas rápidamente parecía «que se las sacara de la manga». No es posible producir un efecto visual de tal tipo con los movimientos de dedos normales, ni con un movimiento rotativo del antebrazo o de todo el brazo. Sólo puede hacerse con movimientos del brazo hacia adelante y hacia atrás. El elemento esencial para este tipo de ataque es una acción de empujar-y-tirar realizada con la parte superior del brazo, moviendo el antebrazo y la mano hacia adelante y hacia atrás sobre la tecla. La mano y los dedos deben permanecer firmes en todo momento para permitir que toda la fuerza de la acción sea transmitida a las teclas. Esta acción de empujar-y-tirar normalmente va acompañada de una subida y un descenso de la muñeca que ayuda a evitar la rigidez. Aunque los detalles acerca de cómo se debe realizar esta ac-

ción varían según quién la describe, la acción de empujar-y-
tirar es común a todos.

Antes de usar esta técnica en el teclado es útil practicarla
sobre alguna superficie dura como, por ejemplo, una mesa.
Ponga la mano sobre la mesa como si fuera a tocar. Coloque el
antebrazo y la mano horizontales y paralelos a la superficie de
la mesa, mueva la parte superior del brazo para empujar la mano
hacia adelante y permita a la vez que el codo se doble para mantener el antebrazo paralelo a la mesa. Después, tire de nuevo hacia atrás de su antebrazo y deje que la muñeca gire ligeramente
hacia arriba, así, cuando mueva el antebrazo otra vez hacia adelante habrá una pequeña presión cuando la muñeca se en-
derece. Repita muchas veces este movimiento consistente en
empujar y tirar, e intente mantener a la vez el brazo lo más cercano posible al estado de equilibrio. Este es un tipo de ataque
útil, en particular para tocar octavas velozmente y repeticiones
rápidas de acordes.

Finalmente, las siguientes observaciones generales acerca
del ataque podrían serle provechosas:

1. Debe evitarse siempre la rigidez o agarrotamiento.
2. Una articulación que se mueve no puede estar rígida, por tanto
   una de las mejores maneras de evitar la rigidez es moverse.
3. Mantener el brazo en un estado de equilibrio permite que los
   dedos, la mano y el brazo estén listos para una acción inmediata —si el brazo está demasiado relajado hay que tensarlo antes
   de moverlo, y si está demasiado tenso debe relajarlo. Ambas
   opciones nos quitan un tiempo valioso.
4. Mantenga, en la medida de lo posible, los dedos alineados con
   las teclas. Eso quiere decir que no ladee demasiado la mano
   hacia la izquierda o hacia la derecha, ya que entonces golpeará
   las teclas de lado en lugar de hacerlo en vertical y, además,
   puede llegar a provocar un agarrotamiento de la muñeca.
5. Recuerde la sugerencia anterior (4) cuando esté real-
   izando un paso de pulgar —no ladee la mano por la arti-

culación de la muñeca demasiado hacia la derecha o a la izquierda.

6. Si está tocando teclas negras, en particular si necesita usar el pulgar o el meñique, adelante su mano hacia el interior del teclado. Y retrásela de nuevo cuando vuelva a tocar sobre las teclas blancas. Este movimiento deliberado de avance y retroceso puede ser de ayuda para tocar las notas correctas y controlar el sonido, ya que podrá atacar las notas con más precisión y limpieza.

7. Si al tocar nota torpeza, pesadez o una dificultad excesiva, observe detenidamente:

    el patrón de digitación;
    la postura de la mano;
    la postura del brazo.

8. No permita que la cara exterior de la mano «caiga». Es mejor elevar un poco el nudillo del meñique. Eso hará que el reverso de la mano quede bastante liso y que no vaya descendiendo hacia el meñique. Si no lo hace así el meñique no estará en una posición idónea para tocar y tendrá la tendencia a descender oblicuamente sobre la tecla, en lugar de hacerlo de forma vertical.

9. Cuando tenga que saltar hacia una nota grave con la mano izquierda o hacia una nota aguda con la derecha use para ello el meñique. Muchos estudiantes usan el tercer dedo porque es más fuerte, pero eso hace que la distancia que deben saltar sea mayor y puede que pierdan la posición de la mano. Recuerde que debe tocar la nota con el extremo del dedo y no con un lado mediante un movimiento de rotación.

10. Al usar el ataque de mano normalmente es más efectivo dejar que la mano cuelgue ligeramente por debajo del nivel de la muñeca a que esté por encima. Haga la siguiente prueba y enseguida comprenderá por qué. Coloque la mano izquierda o la derecha como si fuera a tocar. Manténgala en estado de equilibrio de tal forma que la línea que va desde los nudillos hasta el codo sea paralela al teclado. Ahora alce la mano por

los nudillos. Enseguida notará que la mano y la muñeca se le están agarrotando. Ahora mantenga el brazo de tal forma que su mano quede ligeramente por debajo del nivel de la muñeca. Ahora use la muñeca para subir y bajar la mano. Encontrará que dispone de más movimiento antes de que la muñeca y la mano se le agarroten.

He intentado describir algunas de las formas más básicas de ataque. Probablemente se encontrará con que los usa más que en su estado puro que combinados. Qué tipo de ataque es el que necesita en cada ocasión particular es algo que tiene que decidir por sí mismo. Generalmente, el mejor consejo que puedo ofrecerle es que utilice la menor cantidad de fuerza posible. Eso quiere decir que no debe usar el ataque de brazo si todo lo que necesita es un ataque de dedo. Guarde su ataque de brazo para los pasajes que requieran más intensidad y fuerza; será más pesado que los ataques de mano o de dedo, pero no se cansará tan rápidamente. Use el ataque de dedo siempre que necesite una gran velocidad y destreza. Los problemas aumentan cuando se necesita velocidad, destreza y fuerza a la vez. Por eso es necesario practicar duramente escalas, arpegios y ejercicios. Necesita toda la fuerza que sea capaz de reunir, pero esa fuerza debe ser controlada y dirigida a conseguir que la tecla pase lo más deprisa posible por el punto de inicio, y no a golpear la tecla y dejarla presionada.

La fuerza es necesaria, sin duda, pero también lo es la habilidad de convertir esa fuerza en velocidad justo en el momento oportuno para conseguir un sonido profundo. Tamborilear con los dedos sobre una superficie plana, como una mesa, es un ejercicio útil para ensayar esta habilidad. Tiene que sentarse como si fuera a tocar, y la superficie sobre la que practique debe ser dura, al menos la mayoría de las veces. Tamborilee con los dedos sobre esa superficie intentado que el ruido que produce sea lo más fuerte posible. No use el brazo para ayudar a los dedos, sino para mantenerlos en una posición correcta. Durante este ejercicio intente que todos los dedos golpeen con la misma

fuerza y velocidad. Habrá notado que su cuarto y quinto dedo
son más débiles que el resto. No le hará daño ejercitarlos con
más frecuencia y más intensamente que los demás. No pare
cuando empiece a sentir cansancio en los dedos. Siga siempre
un poco más. Si deja de ejercitarse cuando siente cansancio su
capacidad no aumentará más allá de lo normal, y es esa extensión de la capacidad normal lo que está buscando; pero tenga
cuidado en no forzar demasiado los dedos.

También puede practicar tamborileando sobre su propia
rodilla. Tiene las ventajas de que puede practicar dondequiera
que esté (con tal de que los que estén cerca de usted no
piensen que se ha vuelto algo raro) y de que puede juzgar la
fuerza de cada golpe con más precisión, ya que el impacto se
produce sobre su rodilla. He practicado más provechosamente
la digitación durante encuentros aburridos, clases no demasiado vivificantes y sermones aburridos de lo que me gustaría ad-
mitir. Todo lo que necesita es algo que le tape lo suficiente para
que nadie vea sus dedos, pero tenga cuidado —puede quedarse
tan absorto practicando que se pierda largos fragmentos del en-
cuentro, la lección o el sermón; sólo usted puede decidir lo
bueno o malo que es eso.

Aunque es usual emplear el ataque de brazo para tocar con
intensidad y el ataque de dedo para tocar pasajes ligeros y deli-
cados, hay otras formas de pensar acerca del ataque que simplemente creer que un músculo grande y fuerte implica un
sonido intenso. Cuanto más fuertes son los músculos que se usan
mayor es el control que se puede ejercer sobre ellos. El ataque
de antebrazo y de brazo puede ser apropiado para pasajes muy
tranquilos, y se obtienen efectos muy buenos con tal de que la
velocidad sea lo bastante lenta para hacerlo posible. Incrementar el control sobre la velocidad de las teclas no sólo nos ca-
pacita para tocar suavemente, sino también para hacer cambios
sutiles en la dinámica con el mínimo esfuerzo. Es algo propio de
cada uno de nosotros decidir qué tipo de ataque creemos que es
conveniente para un pasaje particular y, cuando dudemos, lo

mejor es probar con varios tipos antes de decidirnos. Nuestro sistema autoorganizador también puede entrar en juego. Una clara *pre-percepción* auditiva del sonido que deseamos producir puede ayudar a que nuestros músculos tomen las decisiones correctas para lograr dicho sonido, con tal de que conozcamos lo suficiente acerca del ataque y de la eficiencia mecánica del instrumento particular. Pero sea precavido: los mecanismos autoorganizadores tienen que ser cuidadosamente supervisados. Como su función es auxiliarnos en la toma de decisiones, puede tomar el control en tal grado que nos encontremos con que hemos tocado algo antes de que realmente lo hayamos controlado del modo que pretendíamos. El resultado de eso puede ser una forma de tocar mecánica y carente de las sutiles gradaciones del sonido que son el sello de un pianista consumado.

Es importante recordar que cuando tocamos suavemente la velocidad de la tecla debe ser más lenta que cuando tocamos fuerte. Siendo así, la cantidad real de tiempo necesaria para tocar las notas es ligeramente *mayor*. Si examina con un metrónomo la velocidad cuando toca suavemente, se verá presionándose a sí mismo para mantener el ritmo. Cuando tocamos fuerte tenemos la tendencia a ir más rápido, porque la velocidad de la tecla tiene que ser más rápida. Al examinar con un metrónomo cómo toca cuando toca fuerte, la presión estará en frenarse. Esas no son las únicas razones por las que ganamos o perdemos velocidad; los factores interpretativos también tienen su papel y necesita distinguir cuidadosamente entre tales razones.

Preguntas

1. *¿Qué efecto puede tener el calado de las teclas en la producción del sonido?*

2. *Explique la ambigüedad que a menudo se produce en el uso de la palabra* sonido.

3. *¿Sobre qué factores de la producción del sonido y del timbre del piano tenemos control?*

4. *¿De qué depende la intensidad de un sonido de piano?*

5. *¿De qué modo escuchar cuidadosamente nos puede ayudar en el futuro a controlar nuestras acciones?*

6. *a) Explique qué es un brazo equilibrado.*
   b) ¿Cómo podemos adquirir la sensación de un brazo equilibrado?

7. *a) ¿Qué significan los términos ataque de dedo, ataque de mano o de muñeca, ataque de antebrazo y de brazo?*
   b) Describa los movimientos de cada una de esos ataques.

8. *a) ¿Cuáles de esos ataques se usan a menudo en su forma pura?*
   b) ¿Por qué es más probable que los ataques se usen combinados entre sí que en estado puro?

9. *¿Qué significa hundimiento controlado y por qué es útil?*

10. *Describa el ataque de transferencia de peso.*

11. *¿Por qué es deseable que al empezar a practicar el ataque de transferencia de peso mantenga un volumen elevado?*

12. *a) ¿Cómo podría practicar para simular la continuidad en la transferencia de peso cuando toca melodías que contienen saltos amplios?*
    b) ¿Cuáles son los peligros de los que debe precaverse al hacer esto?

13. *a) ¿Qué es el* staccato?
    b) ¿Cómo debería abordar y cómo debería dejar una nota stacatto?
    c) ¿Cuál es la diferencia entre un staccato *y un* staccatisimo?

14. *Describa las varias formas de tocar* staccato.

15. *¿Qué significa* non legato?

16. *¿En qué se diferencia un* non legato *de un* staccato?

17. a) *¿Qué quiere decir* rotación de antebrazo?

    b) *Describa los ejercicios preliminares para adquirir una técnica de rotación de antebrazo fiable.*

    c) *Indique algunos usos de la rotación de antebrazo.*

18. a) *¿Qué es la técnica de* vibrato?

    b) *¿Para qué es particularmente efectiva la técnica de vibrato?*

19. *¿Cuál es una de las mejores formas de evitar la rigidez?*

20. *¿Por qué es tan importante mantener el brazo en estado de equilibrio?*

21. *¿Por qué es importante mantener los dedos alineados con las teclas?*

22. *¿Cómo pueden ayudarnos a tocar las notas correctas los movimientos hacia el interior y el exterior del teclado?*

23. *Al saltar hacia una nota aguda o hacia una grave, ¿qué debemos tener en cuenta?*

24. *Al usar un ataque de mano o de muñeca, ¿por qué es ventajoso dejar que la mano esté ligeramente por debajo del nivel de la muñeca?*

25. *¿Por qué pueden surgir dificultades cuando usamos el ataque de dedo si necesitamos destreza e intensidad simultáneamente?*

26. *¿Cómo puede ayudar a fortalecer sus dedos?*

27. a) *¿Qué otra habilidad es necesaria para convertir la fuerza en velocidad?*

    b) *¿Cómo puede ensayar esa habilidad?*

28. *Aparte de asumir que más músculo significa más intensidad, ¿qué otras formas de pensar en el ataque existen?*

29. *¿Por qué es importante recordar que la velocidad de la tecla será más lenta cuando tocamos con suavidad que cuando tocamos fuerte?*

Capítulo 6

El sonido

En el capítulo anterior quedó claro que la palabra *sonido* puede ser ambigua. Dado que la calidad de sonido real del instrumento (el timbre) está determinada desde su fabricación, el objetivo del presente capítulo es tratar acerca de las formas de conseguir lo mejor de ese sonido usando los tipos de ataque descritos anteriormente.

La calidad del timbre es algo que casi todos reconocen, especialmente cuando es pobre. Pero ¿qué es lo que hace que sea bueno o malo? Alguien describió una mala hierba como una planta que crece en el lugar inadecuado. Aunque no haya nada malo en la planta misma, está en un mal lugar. Podría decirse prácticamente lo mismo, bajo ciertas circunstancias, de la calidad de timbre. Es la adecuación a lo que lo rodea lo que lo hace bueno o malo. El diccionario define *timbre* como «sonido musical o vocal considerado en referencia a su calidad, como agudo o grave, dulce o áspero, fuerte o suave, claro o sordo», pero en la práctica eso no nos ayuda como músicos. Intentar aprehender con palabras la esencia de algo que, aunque identificable, puede que no tenga un equivalente verbal real, es problemático.

El sonido de una trompeta es característico, pero resultaría imposible dar una descripción verbal adecuada de él a alguien que nunca lo hubiera escuchado. Se podrían intentar ciertas comparaciones entre su sonido y el de otros instrumentos usando una variedad de adjetivos, pero el resultado no sería completamente satisfactorio. De una forma similar, nos resultaría imposible encontrar palabras para describir con justicia el sonido del piano en toda su diversidad. Por lo tanto, escribir un informe acerca de la producción de un timbre de una calidad «buena» o «apropiada» no es una tarea fácil. Una demostración sería, con mucho, la mejor forma de ayudarnos, de modo que, estando a este respecto en desventaja, posteriormente le invitaré a que haga sus propias pruebas. Dado que los adjetivos no son lo suficientemente precisos para nuestros propósitos, tendremos que abordar cualquier cosa que esté relacionada con el timbre que nos pueda ser de utilidad.

La acción del martillo – Breve resumen

Antes de proseguir, un breve resumen expresado en términos sencillos de lo que realmente ocurre cuando un martillo de piano golpea una cuerda, nos ayudará a comprender cómo se logra la calidad del timbre. Al igual que ocurre con muchos otros instrumentos, el sistema de vibración del piano se compone de dos elementos. Éstos son un juego de cuerdas, que es accionado por martillos, y la tabla armónica; ambos están unidos por un puente, que está firmemente unido a la tabla armónica y por encima del cual pasan las cuerdas. Antes de ser golpeada, la cuerda permanece en reposo. Cuando es accionada por el martillo, las ondas de choque viajan a través de ella en ambas direcciones, y se transmiten por el puente hasta la tabla armónica, a lo largo de la cual se desplazarán en todas las direcciones. Puesto que el martillo golpea aproximadamente a una distancia de 1/7 ó 1/9 del extremo de la clavija de afinación, las ondas recorrerán diferentes distancias hasta llegar a cada uno de los extremos fijos de la cuerda, posteriormente rebotarán y retrocederán a lo largo de ella, encontrándose y chocando entre sí antes de establecer finalmente un modelo de vibración estable. A su vez, la tabla armónica reaccionará de forma semejante, pero en su propio momento, según las vibraciones de la cuerda, hasta que también se establezca un modelo de vibración estable.

Este resumen, como tal, es también una simplificación. Hemos descrito lo que pasaría con una cuerda; con un piano la cuestión se complica por el hecho de que sólo las notas más graves se producen con una única cuerda, el resto son producidas por dos o tres cuerdas tocadas al unísono. Añádase a esto el brillo inherente a las cuerdas de acero, y el resultado será un timbre que, al menos en principio, está compuesto de muchos sonidos diferentes en conflicto unos con otros. Este conflicto inicial de sonidos, que puede ser fácilmente observado al pulsar una tecla, se denomina inicio transitorio. Es bastante violento, pero efímero; el sonido no se sostiene, sino que inmediatamente se va apagando de forma gradual, hasta que desaparece por completo.

Ha habido también un debate considerable acerca de si los pianistas pueden o no controlar la calidad del sonido (o timbre) que producen. Ya hicimos referencia a ese problema cuando comentábamos el ataque en el capítulo anterior, y declaramos que no importa cómo los pianistas presionen las teclas, la calidad del timbre del instrumento no puede ser alterada. Los músicos siempre han sostenido que el control del timbre es posible. Los científicos, sin embargo, son escépticos al respecto, a pesar de que ellos mismos han llegado de algún modo a reconciliar las dos perspectivas, señalando que la velocidad a la que el martillo golpea la cuerda determina el efecto del inicio transitorio, de modo que puede haber algún control sobre la aspereza causada.

Elementos de la producción de sonido

La velocidad del martillo controla la intensidad del sonido y su aspereza, pero además hay un elemento que tiene un efecto importantísimo sobre los aspectos más fundamentales del control del sonido: la duración de la nota.

Hay muchos y excelentes libros disponibles en los que se describen los elementos de la técnica pianística y el sonido, pero no siempre está claro que lo único que podemos hacer como pianistas, una vez encontrada la nota correcta, es tocar esa nota más fuerte o más suave, más larga o más corta. Todos los efectos pianísticos (aparte de algunos especiales que pueden conseguirse con el uso de los pedales) son controlados por variaciones en la dinámica y duración de la nota. Esto no es una sugerencia de que deban ignorarse los consejos contenidos en esos libros acerca del control muscular general, de tocar escalas, arpegios y octavas o de realizar efectos de *legato*, *staccato*, técnica de vibración y los muchos otros aspectos técnicos que cubren, sino más bien una defensa de que cuando ese consejo ha sido leído y comprendido, la atención del pianista debería ser focalizada en el control de esas dos variables: la intensidad y la duración.

Examinando más detenidamente los fundamentos involucrados, la duración de las notas puede ser controlada bastante pronto, pero la sutil gradación de la intensidad conlleva más dificultad. El volumen del sonido depende de la velocidad a la que la tecla es pulsada; cuanto mayor es la velocidad de la tecla, mayor es el volumen del sonido, pero también la aspereza.

El control de los sonidos suaves y fuertes

Los sonidos suaves, que requieren una velocidad baja de la tecla, son más difíciles de controlar que los fuertes. La razón de esto es que cuando los estudiantes intentan tocar suave tienden a retenerse. Casi tienen miedo de tocar las teclas, con el resultado de que algunas notas no suenan en absoluto, y muchas de aquéllas que sí lo hacen tienen un sonido mediocre. Retenerse es fatal para conseguir un sonido claro y correcto. La razón no es otra que la pura física de la construcción del piano. El calado de una tecla de piano, es decir, la distancia que hay entre la posición de reposo y la posición en la que la tecla está completamente presionada y en contacto con la base, mide aproximadamente 1 centímetro. Un pianista, por tanto, dispone de una distancia muy reducida con la que controlar el sonido.

Pero esto es sólo una parte de la historia. El punto en el que el martillo es lanzado contra la cuerda para golpearla (hacia arriba en el caso de un piano de cola o hacia delante en los pianos verticales), se encuentra más o menos a la mitad de ese recorrido. Cuando la tecla ha pasado ese punto el pianista no puede tener un control adicional sobre ese golpe particular. Es, por tanto, indispensable para conseguir la intensidad deseada que la tecla se desplace a la velocidad correcta cuando está cerca del punto medio de su recorrido. Si la velocidad no es suficiente para accionar correctamente el martillo, el resultado será un sonido muy insípido o incluso ningún sonido en absoluto. Sin embargo, si la tecla tiene una velocidad muy alta, el sonido producido será demasiado fuerte. La única manera de producir un sonido suave de buena calidad es experimentar con diferentes velocidades, recordando que lo importante es la velocidad a la que las teclas pasan por el punto en que se acciona el martillo.

Una vez ha «sentido» en la práctica la sensación muscular exacta necesaria para imprimir a la tecla la velocidad necesaria para el sonido que desea, y lo ha ensayado cuidadosamente en numerosas ocasiones, debería ser capaz de reproducirlo cada vez que sea requerido. Dado que usted sólo dispone de entre 5 y 7,5 milímetros de recorrido para conseguir lo que quiere, debe escoger qué velocidad quiere imprimir a la tecla cuando está a la altura de ésta (lo que es arriesgado), o justo por encima, y entonces hacer un movimiento seguro y recto atravesando el punto de inicio hasta la base de la tecla. No tiene tiempo para cambiar de idea. Cualquier retención cuando las distancias involucradas son tan cortas resultará en el mejor de los casos en un sonido defectuoso o, en el peor, inexistente. Para lograr la velocidad adecuada son necesarias unas sutiles gradaciones del control muscular. Existen muchos libros sobre esta materia, pero lo que es importante recordar acerca del ataque es que la acción se realiza en ese corto recorrido que hemos descrito anteriormente, por lo que las condiciones musculares deben ser perfectas un instante después de que la tecla empiece a descender. Si no es así, el sonido que produzca será pobre.

Demostración del sonido del piano

Fuerte y suave

Dado que el control de la intensidad de una nota y de su duración son los únicos recursos de que dispone un pianista, un buen sonido, sea lo que sea, debe ser el resultado de una mezcla cuidadosamente equilibrada de esos factores. Aquí debo invitarle a que se comporte como un dependiente de una tienda de música. Toque el si bemol que está casi una octava por encima del do central tan fuerte como pueda y, mientras mantiene presionada la nota, escuche cuidadosamente cómo se va apagando el sonido. La nota tardará unos 15 o 20 segundos en apagarse por completo, dependiendo de la resonancia del instrumento que tenga. Durante ese tiempo podrá escuchar la gama completa del «color» del timbre de su piano. El sonido inicial será áspero o duro (el inicio transitorio) debido al brusco desplazamiento de la cuerda y el resultante conflicto de vibraciones. Los elementos inharmónicos desaparecerán pronto, dejando un timbre tan pleno y rico como pueda ofrecer el instrumento. Este sonido se suavizará gradualmente en un manso zumbido y finalmente en un lánguido susurro antes de disolverse en el silencio; resulta difícil establecer el momento exacto en el que cesa.

Pruebe esta experiencia unas cuantas veces, escuchando con mucha atención los cambios en la calidad conforme el sonido muere. Después de escuchar varias veces el si bemol por encima del do central, pruebe con el si bemol inmediatamente inferior e intente darse cuenta de sus diversas calidades tímbricas. Haga lo mismo con cada si bemol del piano. La diferencia de tiempo que le lleva a cada nota morir será considerable, y en las notas más agudas la mayor dificultad resultará encontrar un sonido lleno, rico, sonoro y duradero. Una vez escuchadas las calidades tímbricas que su piano puede producir, practique presionando varias notas a diferentes alturas y observe si consigue que le ofrezcan exactamente el sonido que pretendía.

Lo valioso del ejercicio reside en escuchar atentamente y en enseñarse a sí mismo a formarse una imagen auditiva del sonido que produce una tecla antes de que realmente la pulse. Del mismo modo que era importante darse a sí mismo suficiente tiempo para pensar y poder colocar el dedo correcto sobre la tecla correcta, también es necesario suficiente tiempo para pensar durante la práctica de la producción de sonido para asegurarse de que cada tecla es golpeada a la velocidad correcta para producir un sonido conveniente para su posición en el flujo de la música. Practique produciendo varios grados de intensidad mediante los ataques puros de dedo, el de mano, el de antebrazo y el de brazo, tal como eran descritos en el capítulo anterior, así como combinaciones, e intente imaginar cómo será exactamente el sonido justo antes de golpear la tecla.

Duración de la nota

Una vez practicada la intensidad, el siguiente ejercicio consiste en escuchar el efecto de la duración en notas de diferentes grados de intensidad. Una serie de notas de corta duración tocadas con fuerza sonarán duras y claras en comparación con otras de una intensidad similar pero de una duración mayor. Estas últimas sonarán profundas, pesadas o majestuosas, dependiendo del adjetivo que prefiera usar. Lo que actualmente es fuerte parece serlo menos cuando las notas son de menor duración, pero el brillo y la dureza son mayores. Las notas suaves y de corta duración parecerán sonar aún más suaves que aquéllas de una similar intensidad pero que tienen mayor duración. Invertir tiempo en escuchar los efectos de la duración e intensidad sobre las notas simples resultará beneficioso para su interpretación. Crear un repertorio de sonidos que pueda imaginar claramente antes de que sean oídos le ayudará a apuntar exactamente al sonido requerido, lo que le permitirá hacer sutiles alteraciones. Tómeselo con calma, ya llegará el momento de hacer cosas más divertidas.

Hasta ahora la discusión estaba centrada en notas simples, pero usualmente la música de piano consta de acordes y melodías entrelazadas, lo que quiere decir que hay notas que suenan juntas. Bajo estas circunstancias es la «definición» del acorde o la supremacía de una nota particular o de una línea musical, lo que define la calidad del sonido. Rara vez todas las notas de un acorde tienen la misma intensidad. Normalmente una o dos notas tienen una primacía sobre las demás, añadiendo vida e interés a la textura y, por tanto, incrementando la calidad del sonido y de la interpretación.

Hay muchas razones para tocar una o más notas con más intensidad que las demás. Es algo discutible si tales rasgos deben comentarse en relación con la producción de sonido o en el apartado general de interpretación, pero dado que alteran lo que llamamos calidad de sonido creemos que es necesario tratarlos aquí. Considerar cuidadosamente el equilibrio en la intensidad entre las notas que suenan simultáneamente es, por tanto, un elemento importante en la producción de sonido. Este equilibrio se consigue tanto conociendo qué notas deben subordinarse como cuáles deben resaltarse.

Es posible dar mayor relevancia a una nota haciendo uso del volumen, de la duración o de ambos factores. Normalmente la primera idea que se tiene es tocar más fuerte la nota relevante, pero incrementar la intensidad puede producir aspereza en lugar de resaltar la nota, a menos que sea cuidadosamente controlada. Aunque estemos de nuevo en la frontera del reino de la interpretación, mi objetivo es sugerir cómo se puede alterar el sonido resaltándolo, en general, y no su uso concreto en una pieza musical; es el método usado lo que necesitamos examinar.

Aunque no es algo que entrañe dificultad, entrenarse para conseguir que una de las notas de un acorde sea más relevante que el resto requiere una práctica esmerada y cuidadosa. Las notas más fáciles de destacar de un acorde son tanto la más grave como la más aguda. Las notas intermedias pueden ser más difíciles, pero la perseverancia, una vez que se han establecido los principios, producirá el resultado deseado.

Resaltar la nota superior de un acorde

Permítame suponer, para los propósitos de nuestra demostración, que el acorde que está a punto de tocar consta de tres notas: el mi, el sol y el do inmediatamente superiores al do central (técnicamente un acorde debe constar de dos o más notas diferentes, pero los más usuales son los de tres). Usted tocará esas notas con la mano derecha, el dedo primero (pulgar) sobre el mi, el segundo (índice) sobre el sol y el quinto (meñique) sobre el do, y es ese do presionado por el quinto dedo el que desea realzar más que los demás.

Coloque los dedos sobre esas tres notas como si estuviese listo para tocarlas. Eleve la mano, y en el estado de equilibrio, extienda el quinto hacia abajo, hacia la tecla. Manteniendo todavía la postura para tocar las tres notas, bascule ligeramente la mano hacia el dedo quinto, y entonces bájela, usando el ataque de antebrazo, hacia las teclas, de tal forma que toque *solamente* el do; los otros dedos deben estar sobre las notas mi y sol, pero demasiado elevados como para poder tocarlas. Deje que el peso de su brazo descanse sobre el do mientras pulsa la tecla, y sienta la cantidad de peso que le está aplicando. Eleve la mano y bájela de nuevo para tocar sólo el do. Asegúrese de que su mano descienda a una velocidad constante, de que el quinto dedo baje firmemente hasta la tecla y de que permanezca estable (p. ej., que no se doble) cuando la tecla entra en contacto con la base del teclado. El sonido que produce debe ser firme y fuerte (ni débil ni áspero) y usted tendría que sentir de nuevo el peso sobre el dedo meñique. Como ya explicamos en el capítulo anterior, no debe presionar la tecla; en lugar de eso, liberar la tensión en la parte superior del brazo y el hombro permite que el peso de la mano y del brazo reposen y que el dedo meñique soporte ese peso. Los otros dos dedos no deberían tener sensación alguna de peso, ya que no están en contacto con sus respectivas teclas. Haga esto unas cuantas veces, dirigiendo todo el peso y atención al dedo meñique; éste debería sentir como si estuviera soportando una carga pesada.

Podría parecer que se trata de un ejercicio absurdamente simple, apenas digno de ser practicado. No lo crea. Señalé hace unos párrafos que este trabajo necesitaba una práctica *esmerada* y *cuidadosa*, así que no escatime su atención a los detalles. Hasta ahora los puntos del ejercicio que hay que constatar son:

a) Su mano debe funcionar como una unidad, y los dedos tienen que permanecer en las posiciones relativas que se había propuesto.

b) Cuando su mano, impulsada por el antebrazo, descienda hacia el teclado, su dedo meñique debe descender firmemente hasta el fondo de la tecla, sin detenerse en ningún punto una vez que ha iniciado el movimiento.

c) Tiene que lanzar su mano a una velocidad constante y, como mínimo, capaz de producir un sonido de intensidad *forte*.

d) Ha de notar cómo su dedo meñique, que no debe derrumbarse por la presión, soporta el peso de la mano y del brazo.

El siguiente paso es más difícil. Debe *casi* tocar con el pulgar y el índice mientras el meñique continúa pulsando con fuerza. Al decir casi, quiero decir que el pulgar y el índice realmente contactarán con sus respectivas teclas, pero que no las pulsarán. Hacer esto requiere una gran precisión: usar el ataque de antebrazo, practicar el descenso de la mano sobre el teclado de tal forma que el dedo meñique continúe presionando firmemente el do, mientras que los otros dos dedos se paran en la superficie de las teclas y no van más allá. La mano debe descender sin que haya variación alguna de velocidad en ningún punto. Una vez que la acción ha empezado, su mano debe mantenerse en movimiento hasta que el dedo meñique haya presionado la tecla hasta el fondo. Cuando lo haya hecho, examine los otros dedos para ver que realmente se encuentran sobre la superficie de sus respectivas teclas. Resista la tentación de hacer trampas, lo que estamos ensayando es un movimiento muy preciso, engañarse a sí mismo no le ayudará. Esta etapa es importante, porque cuando usted toque realmente el acorde completo, las notas no sonarán separadas (todas las notas parecerán sonar simultáneamente, lo que significa que su juicio acerca de la posición que deben tener sus dedos y su *puntería* deben ser totalmente precisos). En la práctica, lo usual es que la nota resaltada sea pulsada ligeramente después que el resto, pero no debería ser notorio.

Cuando haya ensayado esta acción unas cuantas veces, siga con el siguiente paso (también difícil): tocar (ahora sí) el mi y el sol con el pulgar y el índice muy suavemente mientras el dedo meñique toca el do con fuerza. Para conseguirlo, coloque una vez más el pulgar y el índice de modo que contacten con las teclas y toque fuerte con el meñique. Deje la mano sobre el teclado en esta posición, entonces baje el pulgar y el índice justo lo suficiente para presionar sus respectivas teclas más allá del punto de inicio,

casi hasta llegar al final de su recorrido. Mantenga la mano en esa
posición, use el antebrazo para elevarla y para tocar las tres notas, asegurándose de concentrar el principal esfuerzo en el dedo
meñique; debería sentir que el meñique soporta el peso de la
mano, mientras que los otros dos dedos no soportan ningún peso.
Practique esto varias veces, concentrando su esfuerzo en:

a) Hacer que el do que toca el meñique suene realmente fuerte y claro.
b) Hacer que las otras dos notas suenen, pero suavemente.
c) Hacer que las tres notas suenen, o parezca que suenen, sin
   una separación obvia.

Aunque sería largo describir qué hay que hacer, las acciones
mismas son sencillas. Lo que no es sencillo es adquirir el buen
criterio para llegar al resultado final deseado. Si el mi y el sol
suenan demasiado intensamente, practique el segundo paso unas
veces más, y a la conclusión de cada uno de esos ensayos pro-
longue el movimiento del pulgar y el índice hasta una posición
justo después del punto de inicio, y justo por encima del límite
del recorrido de la tecla. Haga esto una y otra vez, hasta que esté
seguro de que ha estimado con precisión la altura a la que sus
dedos pulgar e índice deben estar. Recuerde, no deseamos que
golpeen las teclas con la misma fuerza que el dedo meñique, pero
a su vez deben pasar el punto de inicio para hacer que suenen
las notas; su capacidad para valorarlo es fundamental.

Lo más probable es que se encuentre con que en ocasiones lo
hace correctamente y en otras no. Intente recordar cómo siente la
mano y los dedos cuando lo hace bien. Cuando no salga bien, ana-
lice qué es lo que fue mal. ¿Giró ligeramente la mano hacia el
pulgar? ¿Su índice estaba tan extendido que llegó demasiado
pronto al teclado? ¿O no estaba lo bastante extendido, de forma
que no llegó a producir ninguna nota? ¿Tenía el meñique tan extendido que llegó al teclado antes que los demás, separando el
acorde? El autoanálisis no presenta demasiados problemas, cuan-

do se trata de sólo tres notas. Continúe practicando este ejercicio hasta que esté bien preparado para abordar acordes con un mayor número de notas.

Resaltar la nota inferior de un acorde

Cuando pueda resaltar con el meñique, centre su atención en el pulgar. Usando el método descrito arriba, practique destacando la nota pulsada por el pulgar más que las demás. Dado que es más fuerte que el meñique, el pulgar puede responder más rápidamente a la práctica, pero también es normal que separe el acorde con más frecuencia.

Resaltar la nota media de un acorde

Resaltar con segundo dedo (el índice) en el sol es posiblemente lo más difícil, ya que los dos dedos que desea dominar no están el uno al lado del otro. En esta ocasión usted no podrá bascular hacia la nota que quiere resaltar, ya que está en medio de las otras dos. Asegúrese de que el índice está extendido y de que puede sentir el peso sobre él; el primer y el quinto dedo no deberían sostener peso alguno. Si tiene algún problema, extienda el dedo índice de forma que presione su correspondiente tecla antes que los demás dedos, aunque separe el acorde, y sienta cómo el peso está a la altura del nudillo. Retire un poco el índice para el próximo ataque e intente reducir el peso que siente a la altura del nudillo. Continúe reduciendo el peso hasta el punto en que el acorde se *junta* de nuevo y sin embargo el sol suena más fuerte que el resto de notas. Continúe intentándolo, puede hacerse.

No espere a dominar esta técnica con la mano derecha para empezar a practicar con la izquierda. Para usar el mismo patrón de digitación, es decir, con los dedos 1, 2 y 5, practique con el pulgar sobre el do central, el índice en el la inmediatamente inferior y el meñique sobre el mi que está por debajo. El procedimiento es, por supuesto, exactamente el mismo que utilizamos para la mano derecha.

Cuando se haya acostumbrado a resaltar de este modo, intente tocar acordes, con cada mano, usando diferentes y más complejos patrones de digitación. Decida qué nota desea resaltar y observe cuán a menudo obtiene un resultado positivo. Las notas más difíciles de resaltar normalmente son las que se tocan con el cuarto dedo.

Un ejercicio útil, una vez que haya dominado la técnica usando acordes simples con cada mano, consiste en tomar una versión a cuatro voces de un himno religioso o de un villancico y resaltar cada una de las líneas vocales, soprano, contralto, tenor y bajo, por turnos. Para conseguir que resulte musical, haga que la voz resaltada sea tan *legato* como sea posible. Para conseguirlo, las voces acompañantes deben tocarse en un delicado estilo *non legato*. Eso permite que la melodía resaltada brille constantemente, su continuidad realzará su preponderancia sobre el resto de voces. No permita que los «huecos» que hay en los fragmentos *non legato* se oigan claramente. Deberían ser tan discretos que un oyente no pueda entender por qué la melodía parece sonar melosamente mientras que los acordes están cambiando. Lo que realmente está haciendo es permitir que las notas de la melodía casi se superpongan unas a otras. Esto requiere una gran precisión por su parte y ser consciente de que la melodía resaltada está sonando más fuerte durante un instante mientras que las otras voces permanecen en silencio. Un uso juicioso del pedal de resonancia también puede ayudar, pero debe evitarse cualquier impresión de emborronamiento. Con la práctica y una escucha muy atenta, podrá dar una interpretación razonable destacando cualquier parte que elija. El secreto es siempre subordinar las partes que no son resaltadas; tocarlas con un estilo *non legato* resulta de ayuda, y evita la tentación de tocar *ff* la parte que queremos destacar.

Resaltar en otras circunstancias

Hemos dedicado algún tiempo a describir cómo se debe resaltar una nota en un acorde, pero la técnica que ha aprendido también es útil para resaltar melodías o motivos en circunstancias en las que no hay acordes involucrados. Si la melodía de la pieza que está estudiando es la voz más aguda, asegúrese de que la resalta suavemente, para que suene ligeramente más fuerte que las otras, y de que la digitación es tal que puede ser tocada más *legato* que las demás. Normalmente no es necesario que suene muy fuerte, pero el oído de un oyente necesita concentrarse en algo; el ligero incremento del volumen de la melodía, junto a la ejecución *legato*, producirá el efecto deseado. Es nuestra tarea como pianistas asegurarnos de que brindamos a la atención del oyente los elementos más importantes de la música con sutileza y talento artístico, más que mediante la fuerza bruta. Cuáles son exactamente esos elementos es algo que variará a lo largo de la pieza ya que, aunque la melodía es la parte más aguda, hay puntos de interés en otras partes de la textura musical. Éstos pueden consistir, entre otras cosas, en contramelodías, armonías coloridas, patrones rítmicos sorprendentes o líneas de bajo interesantes. Todo esto debería ser ligeramente resaltado, no hasta la exclusión de la melodía predominante, sino más bien como un enriquecimiento de ésta.

Esas pequeñas fluctuaciones de la intensidad y duración de las notas causadas por cualquier rasgo musical particular al ser resaltado, se suman a lo que denominamos *sonido*. Si, repentinamente, unas cuantas notas suenan ligeramente por encima de las demás sólo para desvanecerse de nuevo para dejar paso a algún otro punto de interés, se da definición a la música, se le da vida y una dimensión extra, alzándola por encima de lo ordinario. De todas formas, no debe olvidarse que la música a menudo necesita periodos en los que parece que no ocurre nada como preparación para que llegue un momento de clímax o un rasgo de interés.

Preguntas

1. *Saber qué ocurre cuando un martillo golpea una cuerda, ¿cómo nos puede ayudar a comprender qué es la calidad de timbre?*

2. *a) ¿Qué significa el término científico* inicio transitorio*?*
   b) ¿De qué forma afecta al sonido el inicio transitorio?

3. *¿Qué tres elementos tienen un efecto considerable en lo que llamamos* sonido*?*

4. *¿Qué dos variables rigen el sonido que podemos producir?*

5. *¿Por qué retenerse es fatal para conseguir un sonido bueno y claro?*

6. *a) ¿Qué significa el término* calado*?*
   b) ¿Por qué es importante que el calado no sea ni demasiado grande ni demasiado pequeño?

7. *¿Qué entiende por el término* punto de inicio*?*

8. *¿Por qué es importante que la tecla se esté desplazando a la velocidad correcta cuando pasa por el punto de inicio?*

9. *Una vez ha decidido qué velocidad necesita, ¿por qué no tiene tiempo para cambiar de opinión?*

10. *¿En qué le puede beneficiar escuchar atentamente cómo se desvanece una nota que ha pulsado con fuerza?*

11. *¿Por qué debería experimentar con notas de diferente altura?*

12. *¿Cuál es la ventaja de intentar hacerse una imagen auditiva del sonido de una nota antes de tocarla?*

13. *¿En que le beneficiará obtener diferentes grados de intensidad usando los ataques puros de dedo, de mano, de antebrazo y de brazo?*

14. *¿Qué diferencia podría aportar a la calidad de sonido la longitud de una nota?*

15. *¿Cómo se puede lograr interés cuando las notas están agrupadas en acordes o en melodías entrelazadas?*

16. *¿Cómo se puede conseguir resaltar una o varias notas?*

17. *a) Esboce un programa de practicas para resaltar la nota superior de un acorde.*

    b) ¿Cómo podría adaptar ese mismo programa para resaltar las notas media e inferior de un acorde?

18. *Aparte de con acordes, ¿en qué circunstancias resulta beneficioso resaltar una o varias notas?*

Capítulo 7

El fraseo

Antes de comentar el fraseo, es necesario decir algo acerca de la forma y estructura de la música. Si usted no ha recibido una formación en teoría musical, al principio podría resultarle difícil de entender parte de la siguiente información. Hay otros libros disponibles en que se tratan específicamente las formas musicales, y mis breves explicaciones le ayudarán a entender el resto.

Todas las estructuras están construidas con ciertos elementos básicos: notas, compases y frases. Estos elementos se combinan, contrastan y amoldan en entidades mayores, y finalmente éstas en piezas individuales o en movimientos de obras aún más grandes. Algunas de esas piezas individuales o movimientos se encuentran como formas musicales establecidas del tipo binario (una forma de dos secciones), ternario (una forma de tres secciones), rondo (una forma musical en la que una melodía particular retorna continuamente) y como forma sonata (una estructura musical mucho más compleja que tiene tanto elementos de formas binarias como ternarias), aunque otras están formadas de combinaciones más libres de elementos básicos.

Acentuación y puntuación

Cualquiera que sea la estructura de la pieza que estamos tocando, debemos dar sentido a los elementos de los que está compuesta. La música, como la poesía, depende de la acentuación, que normalmente está indicada por una notación, para comunicar su significado. Estos dos términos necesitan de alguna explicación desde un punto de vista musical para que sea comprendida su importancia. Empecemos con la acentuación; ya se mencionó en el capítulo 6, «El sonido», donde se trataba los factores de intensidad y duración. Decíamos que un incremento del volumen no es la única forma de conseguir que una nota resaltara y señalábamos también la importancia de la duración de la nota. Una nota larga en una melodía, con independencia de su volumen, adquiere una importancia mayor que una nota de volumen similar pero más corta. Una nota que sigue a un periodo de silencio puede parecer acentuada, como ocurre también con una nota que sigue a una cadencia que ha terminado disminuyendo el volumen. Casi ninguno de los elementos de una nota o un acorde que pueden llamar la atención del oyente es capaz de actuar como un acento. Definir claramente algunas armonías o reducir repentinamente el volumen, en especial si la nota afectada viene inmediatamente después de su tiempo anticipado, son sólo algunas de las muchas formas en que una nota puede ser resaltada; el progreso regular de acento en acento, se haga como se haga, da forma a la música.

Puntuación musical. Cadencias

Todos los lenguajes necesitan una puntuación para ser inteligibles, y el lenguaje de la música no es una excepción. La puntuación musical se consigue con cadencias, o conclusiones de frase, que son patrones conocidos, o progresiones, de pares de acordes. Hay cuatro cadencias normales: perfecta, plagal, imperfecta y rota. Las cadencias perfecta y plagal pueden ser usadas al final de cualquier frase musical y como los acordes concluyentes de cualquier obra o parte de una obra. Las cadencias imperfecta y rota se usan cuando se requiere una final menos definitivo, ya que carecen de la resolución de las otras dos, de una forma muy similar al uso de una coma en lugar de un punto, cuando escribimos. El uso más evidente de las cadencias puede ser visto y oído en los himnos religiosos, ya que al final de cada línea aparece una cadencia de alguna clase. Lo más probable, aunque no siempre ocurre así, es que la última línea acabe con una cadencia plagal o perfecta, mientras que las otras líneas pueden acabar con cualquier tipo de cadencia. Los himnos religiosos y las piezas cortas a menudo permanecen firmemente anclados en una sola tonalidad, en cuyo caso las cadencias perfecta y plagal vienen a descansar en el acorde de la tonalidad. Las cadencias imperfectas y rotas van a descansar sobre un acorde que no es el de la tonalidad, contribuyendo así a su indefinición. Si usted toca el himno *O God Our Help in Ages Past* observará que hay una cadencia inusual al final de la tercera línea. Se trata de una cadencia frigia, y aparece bastante a menudo al final del periodo barroco, en movimientos lentos en tonalidades menores seguidos por movimientos en tonalidades mayores, aunque generalmente no está incluida en muchas descripciones de cadencias. (El término *barroco* se usa para la música escrita entre 1600 y 1750, aproximadamente.)

Una cadencia perfecta.

Una frase que concluye con la misma cadencia perfecta.

Varios usos de la palabra frase

Volviendo ahora más directamente a la esencia de este capitulo, la palabra *frase* puede aparecer en diferentes contextos cuando hablamos de cuestiones musicales. Por lo tanto, es necesario mostrar las similitudes y las diferencias en su uso para que esa confusión pueda ser evitada. Las tres formas en que puede usarse son:

a) Como un elemento de la construcción musical y el análisis.
b) Como una notación en las partituras.
c) Como un factor interpretativo de la ejecución.

En todos los casos, una frase consiste en notas agrupadas de tal forma que tienen una conexión definida entre sí. Dado que las razones de esa conexión no son los mismos en los tres casos, cada uno de ellos será tratado por separado.

Un elemento de la construcción musical

Comencemos con su uso en la construcción y análisis musical; una frase es un grupo de aproximadamente cuatro compases que forma una unidad musical que finaliza con una cadencia. He usado la palabra *aproximadamente*, porque cuatro compases es lo más común, pero también es posible que haya frases irregulares de más compases o de menos. Las frases musicales funcionan de una manera similar a como lo hacen las frases en la poesía. Encierran ciertos elementos del argumento y, aunque no son completas en sí mismas, al unirse a otras frases pueden formar entidades más largas y completas. Muchas frases pueden descomponerse en unidades más pequeñas, llamadas *motivos* o *figuras*. A menudo éstos son los elementos característicos en el contexto de la música; la figura rítmica y melódica basada en el signo del código morse para la letra V (...-), usada en el inicio del primer movimiento de la *Quinta sinfonía de Beethoven*, es un caso característico.

La figura rítmica y melódica de la *Quinta sinfonía* de Beethoven.

La habilidad necesaria para poder analizar música y descubrir sus frases y estructuras, es algo que deberían intentar adquirir todos los pianistas. Sin esto no es posible, desasistidos, llegar a una auténtica comprensión de la música. Tomemos un ejemplo de la literatura; sólo cuando puntuamos apropiadamente los siguientes versos son completamente inteligibles:

Cuando volvemos las fugaces horas
Del pasado a evocar
Temblando brilla en sus pestañas negras
Una lágrima pronta a resbalar

Recitar este extracto de Bécquer monótonamente, sin énfasis alguno y, como dijimos anteriormente, parándonos al final de cada línea como si hubiera un punto y fuese el final de algo, no

tiene sentido. Dado que conocemos el significado de las palabras, podemos alterar su agrupación, de forma que tengan sentido. Sin embargo, alguien que sólo pudiera reproducir los sonidos de las palabras pero no conociera su significado, no podría
hacerlo. Sin un conocimiento de la estructura musical o sin contar con la pericia de alguien que tenga esos conocimientos, podríamos cometer fallos garrafales, similares a los que hice al
puntuar incorrectamente los versos de Bécquer. Y lo que es peor,
podríamos no ser conscientes de que los estamos cometiendo.

Notación de frases en las partituras

El segundo uso de la palabra *frase* concierne a ciertas notaciones
que aparecen en las partituras de piano y otras. Cómo se usan
esas notaciones en una pieza en particular es algo que en gran
medida dependen de la filosofía del editor (o del compositor). En
la mayoría de los casos, la notación de frase que cubre cuatro
compases (ocasionalmente dos, si los compases en cuestión son
largos) tiene un propósito estructural, indicando los principales
momentos que deben puntuarse. Las frases que muestran frases
más cortas a menudo son llamadas *ligaduras*. Tanto las marcas de
frases como las de ligaduras son marcas auxiliares para la interpretación, ya que indican acentos que podrían ir incluso al revés
de lo que sugieren las líneas de compás.

Un factor de la ejecución

El tercer, y más usual, significado de la palabra *frase* concierne
a su uso como un factor interpretativo de la ejecución. Cuando
decimos que alguien frasea bien o mal estamos usando este sentido de *frase*. Pero como las frases ya están establecidas por el
compositor y marcadas por el editor, ¿qué es exactamente lo que
entendemos por fraseo?

Crear una frase, anotar una frase o interpretar una frase

Dado que el deber del ejecutante es dar vida a los símbolos y marcas musicales impresos, cada frase debe ser *re-creada* en cada ejecución, no importa lo claramente que esté establecida y marcada sobre el papel. Por eso sería más adecuado hablar de crear una frase, construir una frase, marcar o anotar una frase e interpretar una frase.

Cómo tratar las frases en nuestra ejecución

Nuestra tarea es resaltar con nuestro modo de interpretar la forma de cada frase. El consejo más común es desarrollar la frase hasta un punto álgido, que suele estar en un punto entre los dos tercios y los tres cuartos de la longitud total de la misma, y después permitir que caiga hasta un punto de reposo al final o en la cadencia. Dado que cada frase es una entidad individual, este consejo no es válido para todos los caso, pero encierra algunos principios básicos comunes a todos. Una frase debe tener un principio y un final claros, y debe estar separada perceptiblemente de las frases que la rodean. Dentro de las frases mismas debe haber puntos de clímax y puntos de reposo. Dónde estén estos puntos es algo que difiere en cada caso, pero tienen que estar, y es el desarrollo hacia los clímax y la subsiguiente relajación al alejamos de ellos lo que da vida a la música.

Preguntas

1. ¿Con qué elementos básicos se construyen todas las estructuras musicales?
2. ¿Cómo se puede acentuar una nota, aparte de incrementando la intensidad?
3. ¿Con qué se consigue la puntuación musical?
4. ¿En qué tipo de composiciones musicales es más evidente el uso de cadencias?
5. ¿Qué es una frase?
6. ¿Cuáles son los diferentes usos musicales de la palabra frase?
7. a) ¿Por qué es muy deseable que los pianistas analicen la música que tocan?
   b) ¿Cuál es el peligro de no hacerlo?
8. ¿Cuál es el propósito de las marcas que indican una frase en una partitura?
9. ¿Qué significa el término frase entendido como un factor de la interpretación?
10. ¿Por qué sería mejor hablar de crear una frase, anotar una frase o interpretar una frase en lugar de usar la palabra frasear?
11. ¿Por qué es importante encontrar el principio y el final de las frases cuando tocamos?
12. Una vez encontrado su principio y su final, ¿cómo deberíamos dar forma a la frase?
13. a) ¿Dónde se encuentra usualmente, el punto álgido de la frase?
    b) ¿Todas las frases siguen este patrón?

Capítulo 8

Los pedales

Ya dijimos en el capítulo 1 que normalmente hay dos (y ocasionalmente tres) pedales en un piano. Los describimos al dar consejos para la adquisición de un piano, pero antes de discutir su uso es necesaria una explicación más detallada acerca de lo que realmente hacen. El pedal izquierdo suele ser denominado *pedal celeste* y el derecho *pedal forte*. Es necesario comprender qué hacen realmente los pedales si queremos usarlos del mejor modo posible.

El pedal celeste

Existen tres tipos distintos de pedal celeste. El más efectivo, con mucho, es el tipo *una corda*. Las notas de un piano son producidas por una, dos o tres cuerdas, según su registro. Las notas del registro más bajo tienen una sola cuerda que es muy pesada; las que se encuentran en el registro medio o tenor tienen dos cuerdas, y las del registro agudo tienen tres. El mecanismo *una corda*, que mueve todo el teclado ligeramente hacia la derecha cuando se pulsa el pedal, tiene dos efectos. En el registro tenor permite que los martillos golpeen sólo una de las dos cuerdas, y en el registro agudo dos de las tres cuerdas. Pero en todos los registros hace que las áreas del martillo que golpean las cuerdas sean más blandas y menos usadas. Esto provoca que el sonido sea de una calidad totalmente diferente, indudablemente más suave, pero también con un timbre distinto del que produce cuando el pedal no está presionado.

El mecanismo de tipo *una corda* es usado en los pianos de cola y ocasionalmente en alguno vertical, pero el mecanismo de pedal celeste que encontramos normalmente en un piano vertical mueve los martillos adelante, acercándolos hacia la cuerda. Eso reduce la distancia que hay entre el martillo y las cuerdas, y consiguientemente la velocidad a la que es lanzado el martillo, de modo que se reduce el volumen del sonido. Desafortunadamente, no se altera el timbre.

El tercer tipo de mecanismo de pedal celeste es más primitivo que los otros dos. Coloca una banda de fieltro entre los martillos y las cuerdas para reducir el volumen del sonido, pero se pierde bastante calidad.

A veces hay instrumentos modernos que disponen de un mecanismo similar accionado por un tercer pedal emplazado entre los dos más corrientes. De forma similar al anterior, introduce una gruesa capa de fieltro entre los martillos y las cuerdas, reduciendo enormemente tanto el volumen como la calidad del sonido. Normalmente es denominado *pedal de estudio*.

El pedal forte o pedal de resonancia

Es mejor denominar al pedal *forte* pedal de resonancia, ya que lo que hace es levantar todos los apagadores, permitiendo que las cuerdas vibren libremente. Si usted apretase este pedal y, manteniéndolo presionado, tocase cualquier pieza corta, comprendería en seguida la importancia de los apagadores. Sin ellos sonarían juntas todas las notas, los acordes y armonías, produciendo un sonido caótico y borroso; el eminente profesor de piano Tobias Matthay razonaba que «el pedal sirve para apagar el sonido».

El pedal sostenuto

Hay otro tipo de mecanismo que afecta a los apagadores, el pedal *sostenuto*. Al igual que el pedal de estudio está emplazado entre los dos pedales más corrientes. Su función es aguantar sólo aquellos apagadores que están levantados en el momento en que el pedal es apretado, dejando así los otros apagadores en contacto con las cuerdas. Los apagadores que están levantados permanecen así hasta que dejamos de presionar el pedal. Mientras el pedal *sostenuto* está funcionando el pedal de resonancia puede usarse en su forma habitual. Mientras está accionado, este mecanismo permite aguantar una nota o un acorde sin que interfieran con otras notas o acordes que usted toque, apague o aguante.

Los dos pedales exteriores de un piano son siempre los mismos: el izquierdo es un pedal *una corda* (o su equivalente) y el derecho es el de resonancia. Si hay un pedal central puede que sea tanto un pedal de estudio como un pedal *sostenuto*, si bien es cierto que en una ocasión toqué un piano cuyo pedal central ponía unas bandas de metal en contacto con las cuerdas haciendo, supuestamente, que el instrumento sonara como un clavicordio.

El uso de los pedales

Para nuestros propósitos interpretativos lo importante es cómo se usan los pedales, más que los tipos de mecanismo.

Pedal una corda

Cuando se tiene que usar el pedal izquierdo, en la partitura figura anotado *una corda*, y para advertir que debe soltarlo se indica con *tre corde*. No es un problema qué tipo de mecanismo accione el pedal izquierdo de su piano; cuando vea la instrucción *una corda* use el pedal izquierdo, y cuando vea la notación *tre corde*, suéltelo. No caiga en la tentación de usar el pedal izquierdo cuando lea los signos *p* o *pp*. Su técnica de dedos debería ser suficiente para conseguir esas alteraciones dinámicas sin recurrir a estos mecanismos. El pedal izquierdo (o celeste) tiene que ser usado para conseguir unos efectos especiales, y no como un auxilio para una técnica inadecuada. Si se usa en exceso impedirá el desarrollo de su técnica; y si su piano tiene un mecanismo *una corda* auténtico, el abuso de las zonas más blandas de los martillos echará a perder el efecto *una corda*.

Pedal sostenuto

El pedal *sostenuto*, localizado en el çentro del piano, si es que lo tiene, cosa que no ocurre con demasiados instrumentos, es útil para interpretar música de compositores impresionistas. Debussy, por ejemplo, a menudo indica que un acorde debe sostenerse, mientras que a la vez requiere el uso de ambas manos para tocar otras cosas, y Rachmaninoff hace algo similar al principio de su conocido *Preludio en do sostenido menor*, ya que indica que se sostenga una doble octava mientras se tocan muchas armonías diferentes encima. Si no dispone de un pedal *sostenuto*, los efectos de este tipo tienen que hacerse mediante la técnica de medio pedal, que describiremos en la página 117.

Pedal forte o pedal de resonancia

El pedal más importante es, con mucho, es el de resonancia. Se dice que Anton Rubenstein lo llamaba «el alma del piano», pero para serlo tiene que ser controlado con sensibilidad y precisión.

Normalmente tiene dos funciones. La primera, obviamente, consiste en aguantar el sonido de modo que se pueda conseguir un efecto *legato* cuando la digitación sola no sea suficiente. La segunda, realzar la calidad de sonido del instrumento por vibración simpática.

Legato de pedal

Es una útil técnica de pedal que debería ser aprendida por todos los pianistas. Es esencial siempre que resulte imposible mantener un *legato* usando sólo las manos. Por ejemplo, difícilmente se puede conseguir tocar sucesiones de acordes sin despegar la mano de las teclas de vez en cuando para formar la digitación del siguiente acorde. Esto comporta que se produzcan huecos en la continuidad, a menos que usted tenga una extrema habilidad para saltar de acorde a acorde sin que se dé una pausa en la transferencia de peso. La técnica de *legato* de pedal es necesaria para salvar tales huecos satisfactoriamente. Para prevenir el emborronamiento, debe pisar el pedal de resonancia cuando sus manos no están sobre las teclas, y debe soltarlo cuando estén sobre ellas.

Practique este sencillo ejercicio, que le demostrará en cámara lenta cómo practicar el *legato* de pedal. Toque con ambas manos un acorde de re mayor cuya nota superior sea un la, además resaltada. Presione con el pie el pedal de resonancia y separe las manos del teclado. El acorde seguirá sonando con la nota superior, el la, resaltada.

Legato de pedal. Asegúrese de que el pedal está presionado inmediatamente después de tocar las notas, pero mientras todavía están pulsadas.

Mientras sigue manteniendo el pedal presionado toque un acorde de sol mayor cuya nota superior sea un si y resáltela; suelte el pedal en cuanto suene el acorde de sol mayor. Pise de nuevo el pedal para aguantar el acorde de sol mayor y separe las manos del teclado. Toque ahora un acorde de do mayor y resalte la nota superior, que será un do; suelte el pedal en cuanto empiece a sonar el acorde. Presiones de nuevo el pedal para sostener el acorde de do mayor y levante las manos del teclado. Si la sincronización entre sus manos y el pedal es precisa, debería haber oído tres acordes junto a la breve melodía formada por las notas resaltadas (la, si, do) sonando claramente, sin huecos entre ellas ni solapamientos. Si la sincronización entre su pie y sus manos no es precisa, habrá algún hueco en la melodía o algunas notas de ésta se solaparán entre sí.

La esencia de un buen *legato* de pedal radica en la habilidad para colocar una nota o un acorde entre el momento en que presiona el pedal de resonancia y el momento en que lo suelta. Durante la realización de este corto ejercicio el pedal permanecerá presionado la mayor parte del tiempo, únicamente tendrá que levantar brevemente el pie en dos ocasiones. Es útil pensar en el *legato* de pedal de esta forma. El pedal debe estar presionado la mayor parte del tiempo, sólo lo soltamos ligeramente para volverlo a pisar de inmediato y poder tocar la nota o acorde siguiente.

El considerable grado de sincronización requerido entre las manos y el pie sólo puede conseguirse si nos guiamos por una cuidadosa escucha. Las acciones necesarias para conseguir un *legato* de pedal preciso deberían ser practicadas con frecuencia. Es una técnica que no es fácil de dominar, ya que las manos y los pies no trabajan exactamente al mismo tiempo. El ejercicio que hemos sugerido es muy breve, y usted dispondrá de suficiente tiempo para presionar y levantar el pedal. En el curso de una pieza ese tiempo está limitado, por lo que es necesario que cuando practique se acostumbre a realizar las acciones tan precisa y rápidamente como pueda. Puede llevarle algún tiempo adquirir destreza, pero no desfallezca, los resultados finales harán que sus esfuerzos hayan valido la pena.

Pedal directo

En ocasiones puede ser deseable presionar el pedal de resonancia *junto* a la nota o acorde que está tocando, y no después. Esto es denominado usualmente *pedal directo*. Es útil cuando tocamos acordes aislados o cuando la nota que deseamos retener con el pedal debe ser abandonada inmediatamente. Así ocurre al principio de un patrón de arpegio, o cuando una nota grave es seguida inmediatamente por un acorde que se encuentra en un registro mucho más agudo, así como en algunos patrones de acompañamiento (en particular los valses).

Medio pedal

El término no indica que el pedal deba ser pisado hasta la mitad de su recorrido. Se refiere al uso del pedal de resonancia de tal forma que se consiguen efectos que normalmente requerirían un pedal *sostenuto*. Se requiere mucha más presión para apagar las cuerdas de las notas graves, que son gruesas y pesadas, que para silenciar las cuerdas más ligeras y agudas. Para silenciar las notas más agudas y permitir que las graves sigan sonando debemos dejar el pedal *forte* levantado *totalmente* durante una fracción de segundo y después presionarlo de nuevo *totalmente*. Veamos un ejemplo de cómo trabaja el medio pedal: toque muy firmemente con la mano izquierda un intervalo de octava sol-sol, cuya nota superior esté una octava y media por debajo del do central, mientras presiona directamente el pedal. Separe la mano del teclado y, con un rápido movimiento de tobillo, levante y baje el pedal *forte*, tan velozmente que la octava sea levemente (no por completo) silenciada. Siga presionando y soltando el pedal nuevamente con movimientos breves del tobillo, y observe cuántas veces puede hacerlo antes de que las notas desaparezcan enteramente. Haga este ejercicio unas cuantas veces para familiarizarse con el proceso.

Ahora toque con la mano izquierda un acorde de sol mayor, añadiendo a la octava que acaba de tocar un si y un re, y con la mano derecha toque un acorde de sol mayor similar, pero que comience una octava y media por encima del do central. Toque el acorde completo usando ambas manos simultáneamente, mientras aplica un pedal directo. Separe las manos del teclado y, con un rápido movimiento de tobillo, suelte y presione el pedal de resonancia tan velozmente que apague el sonido del acorde agudo, mientras que el acorde grave sigue sonando. Siga practicando hasta que pueda cortar completa y rápidamente el acorde superior mientras que el inferior continúa sonando. Como mencionamos anteriormente, algunas secciones del famoso *Preludio en do sostenido menor* de Rachmaninoff y muchos otros pasajes similares de otras obras se beneficiarán de una técnica refinada de medio pedal.

Realzar el sonido mediante el uso del pedal celeste

Cuando se levantan todos los apagadores las cuerdas de muchas notas vibran por simpatía con aquéllas que han sido golpeadas. El efecto de estas resonancias es variable; puede simplemente provocar que el sonido sea algo más cálido o puede llegar a hacer que el piano «grite».

Para hacer gritar al piano toque un acorde de muchas notas, tan fuerte como pueda, mientras aprieta a la vez el pedal derecho. Entonces escuchará el impacto del inicio transitorio, intensificado por las resonancias por simpatía de las otras cuerdas.

El efecto de calidez del pedal puede ser demostrado mejor mediante la siguiente práctica; toque un acorde sin el pedal y, mientras lo mantiene, presione el pedal de resonancia. Un ligero *crescendo* será inmediatamente perceptible, así como una mayor dulzura y sonoridad del timbre. Esto se produce porque permitimos que muchas cuerdas vibren en simpatía con las que hemos golpeado al tocar el acorde. Un uso discreto de este efecto permite interpretar más fácilmente *crescendos* y *diminuendos* que si usáramos sólo los dedos. Pero tenga cuidado, este tipo de sonido puede ser tan adictivo que las notas no realzadas de este modo pueden parecer apagadas en comparación. Ser capaz de mezclar satisfactoriamente el sonido seco de las notas sin pedal y el de las notas cálidas con pedal requiere una audición cuidadosa, para que el volumen y duración de cada sonido esté controlado. Ambas cualidades del sonido tienen su importancia —es esencial ser capaz de combinarlas o contrastarlas tal como dicte la música.

Preguntas

1. *¿Por qué debería resistir la tentación de usar el pedal* una corda *siempre que vea las notaciones* p o pp?
2. *¿Cómo se indica en una partitura que debe usarse el pedal izquierdo?*
3. *¿Cuál es el propósito del pedal* sostenuto?
4. *¿Qué técnica de pedal le ayudará a simular el efecto de un pedal* sostenuto?
5. *¿Cuál es el otro nombre para el llamado pedal* forte *y por qué es más apropiado?*
6. *El pedal de resonancia tiene principalmente dos funciones, ¿cuáles son?*
7. *Explique la técnica conocida como* legato *de pedal.*
8. *¿Qué es el pedal directo y cuando podría resultar útil?*
9. *a) ¿Qué significa* medio pedal?
   b) ¿Cómo puede practicar por sí mismo la técnica del medio pedal?
10. *¿Cómo puede hacer «gritar» al piano?*
11. *¿Cómo puede demostrar el efecto de calidez del pedal* sostenuto?

Capítulo 9

Aprender una pieza nueva

Al hablar o escribir acerca de tocar el piano, tarde o temprano aparece la palabra *interpretación*. Aunque cubre todos los aspectos expresivos de la ejecución, la palabra por sí misma no da ninguna pista acerca de cómo éstos serán logrados. Por esa razón, en un libro práctico como éste sería inapropiado incluir un ensayo acerca de la interpretación musical; es más importante tratar en detalle los diversos factores que contribuyen a realizar una ejecución presentable. Hay muchas exhortaciones excelentes en otros libros acerca de cómo llegar al corazón de la música y hacer revivir su espíritu, etcétera, pero las siguientes páginas se dirigirán a mostrar cómo puede adquirir un estándar de ejecución satisfactorio usando las habilidades técnicas que posee.

Aprender una nueva pieza implica muchos elementos que, cuando se han trabajado, comprendido y ensayado cuidadosamente, deben aplicarse simultáneamente para producir el resultado final. El problema en escribir acerca de esos elementos es que aparte de los más obvios, como por ejemplo aprender las notas, no hay necesariamente un orden cronológico definitivo que deba ser seguido. Algunos deben ser tenidos en cuenta antes de tocar cualquier nota; otros, a lo largo de todo el periodo de aprendizaje, e incluso durante la ejecución, y algunos sólo deben tenerse en cuenta cuando (o si) son requeridos. En un intento de imponer algún tipo de enfoque lógico y ordenado, trataremos primero aquellos que son necesarios en las primeras etapas del proceso de aprendizaje, y los otros los dejaremos a su consideración, para que los seleccione cuando sea el momento de considerarlos o incorporarlos.

Al igual que en los capítulos anteriores, la información que sigue se presenta de modo que pueda ser aplicada a cualquier pieza musical. Pueden haber unas mínimas referencias específicas, pero no hemos caído en la tentación de explicar cómo conseguir algo examinando en detalle una pieza musical concreta. Es una dificultad añadida a mi trabajo, pero eso significa que no le daremos un consejo en referencia a una música cuyos detalles puede que no conozca.

Preliminares

Antes de empezar debería hacer unas cuantas cosas simples y prácticas:

a) Escoja una obra musical nueva, preferentemente una que no haya tratado de tocar anteriormente. Esto es preferible, ya que así no habrá adquirido ningún mal hábito en el contacto previo con la pieza. Si no es posible o deseable empezar con una pieza completamente nueva, tiene que estar preparado para usar frecuentemente los procedimientos correctivos descritos en el capítulo 3, lo cual, indudablemente, ralentizará su progreso.

b) Es ventajoso tener a mano una pieza que conozca razonablemente bien antes de empezar con la nueva. Descomponer una pieza nueva y practicar lenta y cuidadosamente es un trabajo arduo. Es una ayuda poder relajarse de vez en cuando cambiando a algo conocido, aunque no sea una ejecución estándar. Así como para relajar la concentración, rememorar algunas de las dificultades encontradas en esa pieza puede actuar como un recordatorio oportuno de con qué debe tener cuidado en las primeras etapas del aprendizaje de una pieza nueva.

c) Tenga siempre a mano un lápiz y una goma, y quizá también una libreta. Es esencial registrar cuidadosamente las decisiones tomadas mientras practicamos. Es muy fácil olvidar una digitación que funcionaba bien en la práctica, y también es necesario eliminar cualquier evidencia de una digitación que no funciona. Unas pocas palabras apuntadas en una libreta le pueden recordar algo que desea preparar particularmente en la siguiente sesión práctica. Los pequeños detalles de este tipo pueden ahorrarle muchísimo tiempo y esfuerzos.

d) Necesitará también un libro de rudimentos (o elementos básicos) musicales. Hay muchos (y baratos) disponibles. Asegúrese de que el que compre contiene todas las claves, las indicaciones de compás y grupos de notas, las duraciones de las notas y los silencios, los ornamentos más comunes (*acciaccaturas*, apoyaturas, *mordentes*, trinos, etc.), signos, abreviaturas y una lista bastante extensa de términos musicales; la información sobre el fraseo y un bosquejo de las formas musicales más comunes también puede ser muy útil. Muchos libros contienen otra información, pero para nuestros propósitos esta lista es un mínimo razonable. La descripción de los acordes comunes puede ser también de interés, pero si está considerando examinarse de teoría musical necesitará un libro que trate de los intervalos, armonía elemental y muchos otros aspectos requeridos por el programa de estudios de ese examen particular. Es usual que la escuela en que se examine edite sus libros para cubrir su propio programa; debería estar bien informado para obtener el apropiado para el examen que le interese.

Ahora permítanos llegar al proceso de aprendizaje real. No podemos esperar ofrecer una ejecución satisfactoria de cualquier pieza musical a menos que podamos tocar las notas correctas, o como menos la mayoría de ellas, así que éste es el principio.

Estudiar la partitura sin el teclado

a) El famoso pianista húngaro Andor Foldes aconsejaba a sus estudiantes que leyeran como mínimo dos veces la partitura de una pieza nueva antes de intentar tocarla. Su razonamiento es que se puede conseguir una imagen mental más clara de la música, ya que «no se distraen por los aspectos físicos de la ejecución». Algunos estudiantes podrían tener dificultades para hacerse una idea de la música sin oírla realmente. Incluso así, puede ser de ayuda para obtener alguna noción de los ritmos, los ascensos y descensos de la melodía y los «aspectos físicos de la ejecución».

b) A la vez, divida la pieza en fragmentos manejables. Uso la palabra *fragmento* y no *frase* o cualquier otro término usado en el análisis musical, ya que cada fragmento puede variar desde unas cuantas notas hasta unas cuantas frases. El tamaño de cada uno dependerá de las dificultades que contenga. El trabajo parece más manejable si hay algún punto de reposo visible. Pero las ventajas no son sólo psicológicas. Se puede mantener más satisfactoriamente un nivel alto de concentración si el lapso de tiempo es corto. Paralelamente, es fácil olvidarse cómo se superó una dificultad particular si continuamos tocando enseguida. El objetivo, tanto en ésta como en todas las etapas, es cometer el mínimo posible de errores; el tamaño y contenido de cada fragmento es, por tanto, muy importante. Marcar cada uno de ellos sobre la partitura actúa como recordatorio de las longitudes escogidas. Conforme vamos practicando podría ser necesario alterar el tamaño, pero no debemos caer en la tentación de hacerlas más largas, particularmente cuando el trabajo parece ser fácil.

c) Resista también la tentación de tocar un par de veces la pieza antes de empezar a trabajar en serio con ella.

Empezar a trabajar con el teclado

Una vez establecidas las divisiones, el siguiente paso es elaborar los patrones de digitación. El capítulo dedicado a la digitación le será de ayuda. Empiece siempre por considerar los patrones de digitación sugeridos en la partitura. Allí donde se encuentre con dificultades reales, pruebe con patrones propios que vea más ajustados a sus manos. Enfatizo la palabra *real*, porque un patrón de digitación que usted encuentra embarazoso podría ser en el futuro el único sensato —cualquier alteración que hiciera le crearía dificultades *reales*. Si la pieza nueva es larga, no es necesario digitar cada uno de los fragmentos en esta etapa, pero recuerde comprobar que las digitaciones han sido desarrolladas antes de empezar a practicar un fragmento concreto.

El punto en el que empiece a practicar es una cuestión de elección personal. No siempre es necesario comenzar por el principio. Abordar primero un fragmento difícil puede tener algunas ventajas, así como empezar con un fragmento que esté cerca del final de la pieza e ir retrocediendo, fragmento a fragmento, hacia el comienzo. El punto elegido como inicio depende de los tipos de dificultades que hayamos encontrado. Cada pieza necesita ser tratada de forma diferente; pero sea cual sea ese punto, asegúrese de que ya ha elaborado los patrones de digitación.

Empiece practicando tan lentamente que los problemas de *tempo* y ritmo sean casi irrelevantes. Su cerebro debe estar siempre dirigiendo sus dedos con precisión hacia la próxima nota o acorde. Si le resulta muy difícil no toque más un compás seguido, o incluso medio compás, pero asegúrese de que lo toca correctamente y después tómese un breve respiro. Practique con las dos manos juntas hasta donde sea posible, ya que el proceso de toma de decisiones necesitará ser programado para usar ambas manos simultáneamente —usar las manos por separado es una experiencia completamente diferente. Si hay en particular un movimiento entre una nota y otra o entre un acorde y otro que dé problemas, aíslelo y practique con las manos por separado, pero vuelva a juntarlas en cuanto sea posible. Continuar demasiado tiempo con este tipo de práctica intensiva puede provocar una pérdida de concentración y que los errores se deslicen; un trabajo continuo puede crear más problemas que soluciones. Hacer alguna pausa corta o insertar algún trabajo de una naturaleza diferente en la pieza que ensaya puede resultar de ayuda para aguantar la concentración. De todas formas sigue siendo necesario dedicar tanto tiempo como sea posible a los problemas de la sección escogida hasta que los haya dominado. Si intenta proseguir demasiado pronto es muy fácil que olvide los pequeños detalles del movimiento de una nota a otra o de un acorde a otro que son necesarios para una ejecución segura y satisfactoria.

Continúe estudiando esos detalles hasta que pueda tocar el fragmento completo lentamente, con firmeza (p. ej. como mínimo cerca de *f*, sin considerar las notaciones de intensidad) y sin inexactitudes ni titubeos. Cualquier insignificante sensación de duda acerca de qué viene después tiene que ser visto con preocupación —hay errores que están esperando aparecer. Intente también aprenderse el fragmento de memoria, a pesar de que no debería tocarse de este modo en caso de que se hayan colado errores. Tocar el fragmento, o alguna de sus partes, con los ojos cerrados o sin encender las luces puede ayudarle a concentrar su pensamiento en las notas mismas más que en la partitura. Continúe practicando lentamente de este modo hasta que sienta que el fragmento es bastante seguro. Serán necesarias muchas repeticiones, pero mantenga la concentración constantemente; no se entregue a los automatismos demasiado pronto.

Ahora seleccione el próximo fragmento y haga lo mismo, asegurándose de que todo es abordado lenta y cuidadosamente. No caiga en la tentación de hacer alguna chapucilla, si lo hace lo pagará posteriormente. Trabaje fragmento a fragmento del mismo modo esmerado. No empiece siempre desde el inicio de la pieza o conocerá mucho más el principio que el resto. Ésta puede parecer una forma de aprender larga y lenta, pero de hecho aprenderá a tocar la pieza con precisión y confiadamente mucho más pronto que si siguiera leyendo a toda velocidad y cometiendo numerosos errores.

El tempo y el ritmo correctos

Trabajando con un metrónomo

Mientras continúa el proceso de aprendizaje de las notas, empiece a establecer el *tempo* y los ritmos correctos en el fragmento donde ya las haya aprendido. Practique con un metrónomo. Para muchos estudiantes ésta puede ser una etapa frustrante y tediosa, ya que tocar con metrónomo en un *tempo* estricto no es una ocupación particularmente «musical». Al principio tendrá ganas de tirar el metrónomo por la ventana o de maldecir al fabricante por construir semejante aparato «impreciso». Pero siga intentándolo —es sorprendente cómo poco a poco su metrónomo empezará a ir a tiempo con usted. Ponga inicialmente el metrónomo a una velocidad muy baja y persevere hasta que pueda tocar sobre el *tempo* que marca con total precisión. Un metrónomo con una campana u otro dispositivo para marcar el primer tiempo del compás puede ser útil. Moldear las frases, las consideraciones sobre el *rubato* y las tareas semejantes vendrán después; no es de utilidad alterar la velocidad de un ritmo hasta que no sepa exactamente dónde está ese ritmo. En cuestiones de moldeo de frases y *rubato*, es necesario tener algo sólido para desviarse y retornar allí cuando nos embarquemos en las últimas etapas de la práctica.

Respete la duración de las notas en todas los fragmentos, trabaje cuidadosamente cada uno de ellos y asegúrese de que el *tempo* y los ritmos son seguros, justo como hizo con las notas. Esta etapa es, de hecho, una forma de consolidar el aprendizaje de las notas. Si ajustar las notas a los patrones rítmicos adecuados causa alguna dificultad de digitación o alguna torpeza en los movimientos de la mano o del brazo, haga inmediatamente los reajustes necesarios, altere detalles de la digitación o los métodos seguidos para moverse de una nota a otra, y marque tales alteraciones sobre la partitura para que no se le olviden. Mantenga la velocidad lenta, y no esté ansioso por seguir con otros aspectos musicales a expensas de las notas y los ritmos. Cuando use el metrónomo, practique sólo con fragmentos cortos en todo momento. El objetivo es dar correctamente la duración de las notas y los ritmos, no ofrecer una ejecución maquinal y artificiosa. Una vez que la duración de las notas y los ritmos del fragmento son correctos, prescinda de la ayuda del metrónomo y toque la sección de nuevo, de una manera más relajada y fluida.

Estas dos etapas —notas correctas y ritmos correctos— son cruciales para el éxito final. Separar el proceso de encontrar las notas correctas de las dificultades rítmicas y de *tempo* y tocar a una velocidad muy lenta, reducirá enormemente el riesgo de errores. Los errores son lo último que necesita en esta sensible etapa del proceso de aprendizaje.

Estudiando detalles de la partitura en el teclado

Todavía en aras de una primer lectura precisa de la pieza, debe conectar el trabajo de las notas correctas, el *tempo* correcto y los ritmos correctos con un estudio más detenido de la partitura, pero esta vez sobre el teclado. Tenga siempre a mano un libro sobre elementos musicales básicos para asegurarse de que entiende todos los signos y términos que surjan en la partitura.

a) La duración de la nota

Asegúrese de que da a cada nota el valor de tiempo que le corresponde. Esto puede parecer tan obvio que es inútil mencionarlo, pero es sorprendente cuán frecuentemente el sonido de una pieza puede transformarse al ser cuidadoso y tocar exactamente las notas con la duración que quiere el compositor. Busque particularmente las notas que tienen que aguantarse. Por ejemplo, un bajo de redonda debería tener sus cuatro tiempos, con independencia de las dificultades que encuentre en tocar las notas que están por encima de ella, incluso si tiene que alterar los patrones de digitación para ello. Lo que no debe hacer es tocarlo y dejarlo después del primer tiempo porque está concentrado en el movimiento de las notas de las otras voces. Este consejo se aplica a las notas de cualquier duración —cualesquiera que sean los valores de una nota en la partitura, respételos. No olvide que aguantar una nota demasiado tiempo es tan malo como hacerlo demasiado poco. Eso es algo que también puede suceder cuando se concentra en demasiadas cosas a la vez. A causa de la seguridad se puede encontrar con que está reteniendo dos o tres notas a la vez cuando debería estar sosteniendo sólo una. Dejar las notas demasiado pronto o mantenerlas pulsadas demasiado tiempo afecta a la textura de la música, haciéndola más delgada o más gruesa de lo que pretendía el compositor. Y también afecta a las armonías. Sea severo consigo mismo, examine esos detalles a menudo y con detenimiento —podría encontrarse con que hacen que la pieza sea más fácil de tocar, en particular si usted está aguantando demasiadas notas y como consecuencia dándose a sí mismo problemas de digitación innecesarios.

b) Notaciones de intensidad

Es necesario que cuando practiquemos en un principio toquemos bastante fuerte, para asegurarnos que las notas son firmes y que cualquier error es perceptible; pero conforme pasa el tiempo debería empezar a alterar la dinámica en concordancia con las señales de la partitura. Su libro de elementos básicos le dará el significado de los términos y notaciones dinámicas generales, pero el problema es cómo de fuerte es *forte* (*f*) o cómo de suave es piano (*p*), etc. Para darse a sí mismo una guía, observe toda la pieza y examine cuáles son los signos extremos. No es útil tocar un *mp* lo más suave que pueda, ya que podría encontrarse con que en la siguiente página se espera que toque un pasaje *p* y en otra posterior *pp*. Busque también las notaciones *mf*, *f* y *ff* y ajuste su forma de tocar para acomodarlas.

Respete también las notaciones *crescendo* y *diminuendo*, pero recuerde que significan «aumentar la intensidad» y «disminuir la intensidad» *gradualmente:* no altere la dinámica en cuanto vea una de estas instrucciones, a menos que vayan acompañadas de la palabra *subito* (rápido).

c) Acentos, etc.

Además de las marcas generales de dinámica, esté atento a las señales de acentos y de *tenuto*. Su libro de elementos básicos le mostrará la diferencia entre ambos. Una notación de acento es un pequeño ángulo agudo, emplazado sobre o debajo de una nota; es una indicación de que debe tocar esa nota más fuerte que sus vecinas. La intensidad real de cualquier nota acentuada depende del contexto en el que aparece; una nota acentuada en un pasaje marcado como *f* será más fuerte que otra en un pasaje marcado como *p*. También puede haber señales de *sf* (*sforzando*), que exigen que la nota o acorde a las que se refiere sean fuertemente acentuados. Ningún acento individual debe sonar jamás discor-

Signos de *staccato*, *staccatissimo* (véase págs. 73 y 74), acento, *tenuto* y calderón (en este orden de izquierda a derecha). Asegúrese de que entiende exactamente lo que significan los signos y términos que figuran en la partitura.

dante, tienen que ser juzgados con cuidado y respetados sensiblemente para resaltar el sentido de la música.

El signo de *tenuto* (una línea negra, corta y gruesa por encima o por debajo de la nota) es a menudo malinterpretado como un simple acento. La palabra *tenuto* realmente significa «sostener», lo cual significa que la nota a la que se aplica tendría que ser sostenida como mínimo la totalidad de su duración o incluso un poco más. Aunque aguantar la nota de este modo, deliberadamente, da relieve a la nota, no deberían ser lo mismo que acentuarla.

Otra indicación para acentuar notas es el *marcato*. Cuando aparece esta palabra sobre una partitura, todas las notas afectadas deben ser resaltadas.

d) Variaciones de velocidad

La siguiente guía podría resultarle útil, aunque todos estos términos se encontrarán en la lista de términos de su libro de elementos básicos. Las variaciones temporales aparecen en muchas ocasiones. *Rall* (*rallentando*) y *ritard* (*ritardando*) indican un gradual enlentecimiento, pero *rit* (*ritenuto*) indica que debe frenarse inmediatamente. Es fácil confundir estas dos instrucciones, pero son diferentes entre sí y es necesario tener cuidado y leerlas correctamente.

Aunque estrictamente hablando no se trata de un modificador de la velocidad, el calderón debe ser mencionado en este momento. Se aplica sólo a la nota sobre la que se encuentra emplazado y su duración está determinada por el carácter de la música. A veces va acompañado de la palabra *lunga*, que significa largo.

e) Otros términos

En las partituras aparecen muchos otros términos que rigen la expresividad. Frecuentemente están en italiano, pero también se usan indicaciones en francés, alemán e inglés. Su libro de elementos básicos contendrá los más habituales, pero si necesitara más hay disponibles libros económicos que pueden ofrecerle muchos más términos y abreviaciones. Busque inmediatamente cualquier término no familiar: es peligroso hacer conjeturas. *Morendo*, por ejemplo, significa «menos *endo*», una indicación de que el sonido debería extinguirse.

Adornos

Hay otras cuestiones técnicas que también deberían ser cuidadosamente consideradas en estas primeras etapas. La ejecución e interpretación de los adornos es algo que frecuentemente causa preocupación a los aspirantes a pianistas, y llega incluso a provocar en ocasiones que las obras que contienen adornos sean completamente eludidas. La misma palabra parece insuflar el terror en los corazones de muchos aspirantes a pianistas. ¿Qué notas deberían ser tocadas? ¿Cómo deberían tocarse? ¿A qué velocidad? ¿Cómo deberían ser de intensas? Estas son algunas de las preguntas acerca de los adornos.

Su función es embellecer la música, hacerla más efectiva o mostrar la habilidad técnica del intérprete. Demasiado a menudo la demostración de habilidad técnica se convierte en el factor más importante, motivando un revoltillo de notas y un ritmo vacilante. Es mejor relegar este aspecto a una posición subordinada y concentrarse en hacer que la música sea más bella y efectiva.

Podemos consolarnos con el punto de vista expresado por el famoso pianista Rubenstein: «hoy día no hay dos músicos que tengan la misma opinión con respecto a la lectura de los adornos». Si entre los músicos consumados hay diversas perspectivas acerca de cómo se deberían tocar los adornos y, hasta cierto punto, de qué notas deberían contener, entonces esforzarse en tocar de la forma correcta cualquier adorno es una tarea vana.

Sin embargo, como ocurre con todos los aspectos relativos a tocar el piano, antes de poder hacer algo «bello y efectivo» se deben encontrar las notas correctas. Para encontrar una relación autorizada de cuáles deberían ser las notas correctas puede consultar su libro de elementos musicales, pero también hay muchas ediciones buenas de partituras que explican cómo se deben tocar los adornos. Empecemos por aquí: lo peor que se puede hacer es «arremeter» contra el adorno cuando se lo encuentre al leer la partitura. Si lo hace, es probable que la aproximación tosca y fácil que ha hecho permanezca durante bastante tiempo, lo que hará difícil establecer una ejecución precisa. Describir los detalles exactos de los diferentes tipos de adornos es algo que va más allá del alcance de este libro; no obstante hay una gran cantidad de guías disponibles.

Una vez establecido qué notas quiere tocar, aísle el adorno y practíquelo fuera de su contexto antes de intentar colocarlo en el lugar que le corresponde. Toque lentamente las notas y con firmeza, siguiendo meticulosamente las notas que indique la fuente que finalmente haya decidido usar. Ponga una especial atención a qué dedo debe empezar el adorno y con cuál debe finalizarlo. Es importante hacer esto con acierto, porque las notas que preceden inmediatamente al adorno tienen que llevarle a él con facilidad y las notas finales del adorno deben juntarse suavemente con las que las siguen en el contexto de la música. Podría parecer que estas observaciones son innecesarias, pero sorprendentemente a menudo no son consideradas lo suficientemente pronto durante la preparación. Si se va a practicar el adorno fuera de contexto mientras se sigue trabajando aparte la pieza, es esencial conocer la digitación que se seguirá antes y la que vendrá inmediatamente después del adorno, igual que cuando practique cualquier otro pasaje dificultoso fuera de contexto. Prestar atención a estos detalles le evitará caer en los errores comunes de intentar empezar un adorno desde una posición casi imposible y acabarlo de un modo similar. Es usual que la digitación necesaria parar tocar el adorno con precisión acabe determinando los patrones de digitación de las notas anteriores y posteriores. No pido disculpas por enfatizarlo más todavía: para asegurarse doblemente de que lo hace acertadamente, marque la digitación en la partitura con un trazo firme y grueso.

Continúe practicando las notas del adorno con lentitud, todavía fuera de contexto, pausadamente, con firmeza y fuerza, hasta que sea algo automático. Cuando estén completamente afianzadas empiece a colocar el adorno en su contexto. El primer paso consiste en asegurarse de que aterriza con naturalidad en la primera nota del adorno usando los dedos correctos. Practique esto y dese también suficiente tiempo para pensar conforme se va aproximando al adorno, de modo que sepa exactamente cómo va a tocarlo. Una vez practicada la aproximación con una imagen mental clara de qué es lo que va a ocurrir después, empiece a incorporar el adorno en el contexto de la música, pero hágalo sin tener en cuenta la velocidad a la que había ido practicando el resto de la pieza; asegúrese de que no ha tocado el adorno más rápidamente de lo que lo había practicado fuera de contexto. No se preocupe porque las velocidades sean distintas. Sólo asegúrese de que empieza el adorno con el dedo correcto y con una clara *pre-percepción* mental de cómo va a tocarlo; entonces tóquelo realmente a la velocidad con que había practicado y empalme con el resto de la pieza. Hágalo frecuentemente, hasta que esté absolutamente seguro de qué está haciendo y de que no pasa nada que no esté estrictamente bajo su control. Este proceso le dejará con un adorno que, aunque correctamente ejecutado, está fuera de *tempo* respecto al resto de la música, pero sólo cuando esté seguro del adorno podrá empezar a incrementar la velocidad hasta igualarla con la de su contexto.

Conforme incremente la velocidad asegúrese de que toca todavía las notas del adorno con claridad, limpiamente y con el ritmo correcto. Debe levantar los dedos, ya que muchos adornos requieren que repita la misma nota. Muchos de los problemas a la hora de tocar adornos velozmente son debidos a que el dedo que deseaba usar de nuevo no estaba recogido apropiadamente y, de hecho, estaba todavía pulsando la nota que deseaba volver a tocar.

Incluso cuando haya superado con éxito las dificultades del adorno continúe repasándolo lentamente y fuera de contexto, para recordarse a sí mismo todas las pequeñas acciones que son necesarias.

Como ocurre con tantos otros consejos, se tarda mucho más en explicar el proceso que en llevarlo a cabo. No sucumba a la tentación de tomar atajos cuando practique este o cualquier otro elemento. En muchas ocasiones me he librado por los pelos de que me arrancaran el guardabarros otros conductores que iban tomando un atajo. Los resultados con el piano no son tan espectaculares como en la carretera, pero musicalmente podrían ser igual de peligrosos.

Grupos irregulares de notas

El uso de grupos irregulares de notas es otra forma de adorno. Usualmente las notas se agrupan en parejas o múltiplos de 2 (grupos de 4, 6, 8, etc.), en tríos (tresillos) o múltiplos de 3 (grupos de 6, 9, 12, etc.). En cada uno de esos grupos es posible estructurar nuestro pensamiento en un par, dos pares, tres pares, etc. O en un tresillo, dos tresillos, tres tresillos, etc. El problema surge cuando las notas están en patrones de cinco, siete o más notas y cuando agruparlas en parejas o tríos distorsionaría el flujo rítmico. Por ejemplo, es fácil pensar en un tiempo de negra que se descompone en dos corcheas, o en un tresillo de corcheas. No es más difícil descomponer ese tiempo en cuatro semicorcheas o incluso en un par de tresillos, ya que en esos casos estamos descomponiendo el tiempo de negra en grupos regulares; para aprender a hacerlo podemos poner un pequeño acento en la primera nota de cada grupo. Lo que entonces sentimos es que está creciendo el número de notas que hay en el espacio de un tiempo de negra, y ello porque si podemos pensar fácilmente en grupos de dos y de tres podemos mantener todo bajo control, con tal de que la velocidad no sea demasiado elevada.

Pensar en grupos de cinco es menos fácil. Pruebe con el siguiente ejercicio. Ponga el metrónomo a 60 y cuente siguiéndolo:

a) **1 2 3 4**

Ahora descomponga ese ritmo en pares, de esta forma:

b) **1** 2 **2** 2 **3** 2 **4** 2

Haga que los números en negrita coincidan exactamente con el tiempo que marca el metrónomo y hágalos ligeramente más fuertes que los números que están entre ellos con letra fina.

Pruebe el mismo ejercicio con grupos de tres notas, de esta forma:

c)   **1** 2 3 **2** 2 3 **3** 2 3 **4** 2 3

De nuevo haga ligeramente más fuertes los números en negrita y que coincidan exactamente con el tiempo marcado por el metrónomo y haga los números en letra fina más débiles, pero perfectamente regulares. Al principio es un poco más difícil hacer que todo coincida.

Pruebe el mismo ejercicio con grupos de cinco notas, así:

d) **1** 2 3 4 5 **2** 2 3 4 5 **3** 2 3 4 5 **4** 2 3 4 5

Ahora pruebe con el mismo ejercicio al piano. Empiece con notas sencillas como en a); toque un do para cada uno de los números en negrita, para familiarizarse con la duración de cada tiempo. Después, haciendo pares como en b), toque el do sobre la pulsación del metrónomo y la nota re (que representa el número en letra fina) entre cada una de las pulsaciones del metrónomo. Posteriormente, haga tresillos, como en c), tocando las notas do, re y mi de la misma forma; tenga cuidado con la diferencia de velocidad entre las notas que está tocando, aunque la velocidad del metrónomo sea constante. De nuevo la nota do debe coincidir con la pulsación del metrónomo. Finalmente, toque las notas do, re, mi, fa y sol en cinquillos, siguiendo d) y asegurándose de que la nota do coincide con la pulsación del metrónomo, y tenga cuidado de no incrementar demasiado la velocidad de las notas que toca. El objetivo en todos los casos es empezar con la nota do exactamente a tiempo con la pulsación del metrónomo.

Se necesita concentración y una escucha cuidadosa para identificar cualquier desigualdad y para asegurarnos que nos libramos de ellas. Habrá observado que no hemos usado el signo & entre los números en negrita. Ésta es una forma muy habitual de contar, pero sólo es apropiada para contar un número par de notas. Para contar tresillos (1 & & 2 & &, etc.) resultaría confuso, y lo sería más todavía si se incrementara el número de &.

Se pueden practicar otros agrupamientos de más de cinco notas aumentando las cifras entre los números en negrita y usando de nuevo el metrónomo para mantener la pulsación estable. Afortunadamente, cuanto mayor es el número de notas en un grupo, mayor libertad hay, estéticamente, para hacer pequeños ajustes en la velocidad. Tales agrupaciones embellecen la línea musical del mismo modo que lo hacen los adornos, y a menudo aparecen incluso en piezas musicales realmente simples. Como los adornos, deben ser practicados lentamente hasta que cada nota sea segura. Los patrones de digitación deberían ser cuidadosamente desarrollados para poder mantener la uniformidad.

Los grupos que tienen un gran número de notas usualmente requieren alguna forma de tratamiento especial. Las notas del grupo podrían subir hacia un punto climático y después descender; podríamos tocarlas muy suave y ligeramente; podrían tocarse con mucha velocidad, siempre que se haya ensayado con sumo cuidado; podrían tocarse muy melosamente; o quizá con un *stacatto* bien controlado. Hay muchas posibilidades, pero lo que quiero apuntar es que deben tener un carácter acorde al contexto en el que aparecen. A menudo hay alguna instrucción del compositor o del editor que le será de ayuda, pero en ausencia de una instrucción tal es tarea del intérprete asegurarse de que la posibilidad que elija refuerce más que estorbe la línea musical. Simplemente precipitarse hacia ellas porque ve muchas notas no es, ciertamente, una respuesta propia de un músico.

Construir una imagen auditiva

Hasta ahora, la discusión se ha centrado en la fase de aprendizaje de las notas. Sólo cuando ese trabajo sea seguro podrá empezar a desarrollar sin peligro una interpretación de la pieza escogida. La etapa final de su trabajo consiste en intentar llegar a una concordancia con su impresión acerca de lo que el compositor se proponía. Como primer paso para conseguirlo es necesario que cree en su mente una imagen auditiva clara de cómo quiere que suene la música. Progresar más allá depende de su respuesta emocional a la música y de lo bien que pueda convertir sus sentimientos en una entidad musical, usando cualquier elemento y técnica musical que haya aprendido. Su aproximación no puede ser dejada al azar. Para crear una imagen auditiva antes debe escuchar una gran cantidad de música. Escuchar es una tarea activa y requiere un conocimiento detallado acerca de a qué debería prestar atención exactamente. Una escucha despreocupada, poco disciplinada y descontrolada puede ser algo tan erróneo e inútil como una práctica mal dirigida, y puede llevarle a errores de pensamiento y acción. Aunque es al final de la preparación de la ejecución cuando se demuestra la comprensión real de la música, el proceso necesario para llegar al nivel de comprensión empieza antes de tocar cualquier nota y continúa desde el principio hasta el final de todo el proceso de aprendizaje. Una escucha activa y concentrada es una habilidad que puede aprenderse, pero como cualquier otra necesita ser pulida hasta la perfección durante un largo periodo de tiempo.

Lecturas preparatorias

Para empezar a desarrollar esta habilidad, algunas lecturas preparatorias pueden ser de ayuda. Le pueden poner en contacto directo con los grandes artistas y compositores de una forma distinta a la consistente en asistir a representaciones, y le puede aportar palabras e ideas que le ayuden a realizar una autocrítica constructiva sobre su propia ejecución. Para que le resulten útiles, esas palabras e ideas deben ser lo más precisas posible. Las exhortaciones vagas y las referencias generales al impresionismo, el romanticismo y similares son en el mejor de los casos útiles solamente de forma marginal, y en el peor pueden hacerle creer que sabe más de lo que en realidad conoce. Debe intentar obtener las referencias más cercanas posibles la fuente de la música. Las descripciones e indicaciones procedentes de los propios compositores son las mejores, y la información procedente de los estudiantes que trabajaron con un compositor o un artista son las segundas mejores. Es posible encontrar información de este tipo en varias fuentes. Las cartas de Mozart, por ejemplo, contienen referencias de primera mano del mismo Mozart acerca de sus obras de piano y las de otros.

La información de tales fuentes siempre es directamente útil, aunque a menudo es necesario su estudio detenido antes de que lo sea. Por ejemplo, Mozart y Chopin dieron dos perspectivas muy similares acerca del uso del *rubato*. Mozart escribió en una carta a su padre desde Augsburgo que «lo que estas gentes no pueden comprender es que en el *tempo rubato* durante un *adagio* la mano izquierda debería seguir estrictamente el *tempo*». El consejo de Chopin a sus estudiantes acerca de tocar *rubato* era que «la mano izquierda es el director de la orquesta». Si bien expresan una idea similar, estas declaraciones no son idénticas. El director de una orquesta aunque mantiene un dominio de la velocidad y el ritmo, no mantiene necesariamente un *tempo* estricto.

Ciertamente, la afirmación de Mozart sugiere un *tempo* estricto, pero el consejo de Chopin podría significar que la mano izquierda influye refrenando a una mano derecha, que es más exuberante, y no que sea un guardián del tiempo metronómico inflexible. Es este tipo de información el que puede ser más indicado cuando intente construir una imagen auditiva de la música, y no las historias acerca de la vida amorosa de los compositores, por muy interesantes y animadas que puedan ser.

A pesar del considerable interés que tienen para los pianistas, los resúmenes contenidos en los libros de historia de la música, en los de estilos musicales y en aquéllos que tratan periodos históricos concretos, biografías de compositores y valoraciones de obras, necesitan ser traducidos, todos, a términos prácticos antes de que puedan ser usados para crear una imagen auditiva práctica de la música que nos concierne. Si no somos cuidadosos nos podemos adormecer pensando que sabemos interpretar la música de los clásicos, o de cualquier otro periodo, simplemente por haber leído esas generalizaciones.

Debemos cribar muy cuidadosamente todo lo que podamos encontrar, extrayendo cualquier pedazo de información concreta acerca de los métodos de ejecución y cualquier referencia a las intenciones de los compositores. Los libros escritos por, o acerca de, pianistas famosos también pueden ser útiles. Lo que debemos buscar siempre son los hechos innegables e información específica acerca de cómo hacer cosas, más que opiniones, exámenes pseudopsicológicos y cosas similares.

Tenga cuidado con los libros que llevan por caminos que, de hecho, tienen muy poca o ninguna relación con las palabras reales o las intenciones de los compositores. Un amigo mío, un autor eminente, se irrita mucho cuando lee comentarios acerca de sus intenciones o análisis de su estilo que están mal informados y que muestran una carencia de comprensión, cuando no están simplemente equivocados. Por esa razón tiene cuidado en evitar los textos mecanografiados anteriores o revisiones de su trabajo, y se pone a disposición de cualquiera que pudiera empezar a especular sobre trascendencias subyacentes que, de hecho, no existen. Los compositores, en especial aquellos que además son unos intérpretes reconocidos, sufren con frecuencia este tipo de trato. Dado que en vivo es imposible ofrecer interpretaciones idénticas, puede que en las copias impresas de su música, con el tiempo, se deslicen algunas variantes de su interpretación, e incluso que haya notas diferentes. Tales variantes dan cancha a muchos escritores que sacan agua de las piedras y que encuentran un significado en todo con tal de que sea respecto a alguien famoso.

El cantante Ian Wallace, conocido bajo, cuenta una historia que puede ilustrar este punto. En un momento de una ópera de Benjamin Britten tenía que subirse a una mesa y colgar algo de un clavo que había en la pared. Durante una función Ian Wallace subió lenta y metódicamente, como hacía normalmente, pero se encontró con que algún bromista había quitado el clavo. Bajó de la mesa con cuidado, intentando que la acción pareciera una parte de la coreografía. En una reseña de la función, un crítico hizo una referencia especial al simbolismo y significado de esa acción. Esto nos debe hacer ser cautos. Las ediciones modernas y cuidadas nos dan razones y observaciones acerca de las variantes, así que lea cuidadosamente esas introducciones bien documentadas, ya que pueden ser tan útiles como reveladoras.

La arquitectura de la música

Comprender la arquitectura de cualquier pieza musical, por simple que ésta sea, nos permite preparar sus puntos climáticos, estén donde estén, así como seguir el progreso de los elementos importantes de la música y mostrar cómo se deben relacionar entre sí. En una obra literaria, las palabras tienen significado por sí mismas, lo que las hace capaces de ser expresadas en modelos racionales, como se demostró anteriormente en la estrofa de Bécquer. Con las notas musicales no ocurre lo mismo; por sí mismas no tienen ninguna significación precisa, e incluso cuando son agrupadas en frases y melodías cortas su significado no es, en ese mismo sentido, específico.

En una representación la música sólo existe desde un momento hasta otro. Podemos contemplar una pintura entera o sólo una parte de ella. Podemos desplazar nuestra atención de un elemento a otro y relacionar de nuevo esa información con la pintura entendida como un todo, hasta que hayamos comprendido su distribución y perspectiva. En la música, todo debe ser comprendido sobre la marcha, no hay oportunidades de ir hacia adelante o hacia atrás. Cualquier revisión del material debe ser incorporada en forma musical, y la forma resultante debe ser inmediatamente inteligible. Si no se hace así, la música sería como la descripción de la vida que hizo el escritor estadounidense Elber Hubbard, «sólo una maldita cosa tras otra». Una vez entendida la forma de la pieza podemos usar nuestras habilidades para resaltar qué es esencial en un momento particular y llevarlo a la atención del oyente.

Las palabras que inician la frase anterior son importantes: «una vez entendida la forma de la pieza». Leyendo y estudiando (que no es necesariamente lo mismo) podemos aprender cómo analizar la música que intentamos tocar. Para dar un sentido musical, ciertos elementos tienen que repetirse para compensar nuestra incapacidad para mirar atrás y recordarlos; tenemos que asegurarnos, por tanto, de que sus reapariciones no son simplemente tediosas repeticiones. Lo que importa es la habilidad para presentarlos como nuevos e interesantes en su primera aparición, como ideas familiares cuando vuelven a presentarse posteriormente y, para acabar, tan conocido como un viejo amigo que finalmente se despide de nosotros. Hay otras líneas de investigación que también pueden seguirse. Cuando un compositor ha bautizado una pieza tenemos un indicador para la interpretación. Algunos nombres, como por ejemplo *vals*, no necesitan ninguna o casi ninguna explicación, pese a que un examen de la historia del vals nos revelará cómo ha cambiado el baile con el tiempo. El carácter de otras piezas es igualmente obvio cuando sabemos que sus títulos tienen un significado específico. Nombres como *berceuse* (canción de cuna), *barcarolle* (canción de barca) y *scherzo* (broma) hablan por sí mismos, y la ejecución de muchas otras piezas, como *toccatas* (piezas de toque o exhibición), *nocturnos* (literalmente, piezas nocturnas) y *fantasías* (piezas integradas por una imaginación y un humor variables) pueden sacar provecho de una aclaración de su título. Los diccionarios musicales son fuentes de información. Esta línea de aproximación también podría parecer demasiado obvia para que merezca la pena mencionarse, pero es sorprendente lo a menudo que es ignorada.

Lo que es menos obvio es que investigar los nombres puede ser de ayuda con las piezas que no tienen nombre, valga la contradicción. Una vez que esté familiarizado, por ejemplo, con las características de una *gavotta* (una danza en compás de cuatro tiempos, en la que el ritmo va desde la mitad del compás y no desde el principio) o de una *zarabanda* (una danza lenta en compás ternario con acento en el segundo tiempo) o el apacible ritmo de una *siciliana* (una danza rústica en compás seis por ocho), es sorprendente el número de piezas que muestran esas características o ritmos, lo que le ofrece una indicación inmediata de cómo tocarlas. Se podría escribir mucho más acerca de estos tópicos, pero esperamos haberle animado lo suficiente para que adquiera libros que no pretendan ayudarle con su técnica de piano o de ejecución, pero que sí puedan ayudarle a construir esa imagen auditiva que ayudará a su mente y a sus manos a dar vida a la música que desea tocar.

Escuchar

Sobre todo, una escucha intencionada es la mejor forma de construir una imagen auditiva. Una ejecución excelente puede seducir. La intención de concentrarse en la interpretación y escuchar atentamente puede ser rápidamente olvidada cuando la diversión toma el mando. Un estudiante maduro y concienzudo en una ocasión se quejó de que no estaba disfrutando del modo en que tocaba una pieza en particular. Lo sorprendí diciéndole que su tarea no era disfrutar. Su tarea en ese momento era el control del fraseo, de la articulación, de la dinámica, de la velocidad, de los pedales y las muchas otras habilidades que requiere una ejecución. Él intentaba combinar una lenta persecución de la diversión con el esfuerzo concentrado de ensayar una pieza; inevitablemente, la música se resentía y, como músico, se había dado cuenta de que algo iba mal. La diversión no debería ser su meta en ese momento. Sin embargo, la satisfacción de casi lograr su imagen auditiva de la música (en realidad no se consigue del todo nunca) mediante la concentración y el control sí estaba dentro de su alcance. Lo comprendió, y a menudo me recordó mi comentario, diciéndome en numerosas ocasiones ulteriores que había focalizado sus pensamientos en el trabajo con las manos.

El peor resultado posible de escuchar la ejecución agradable de un pianista competente es sucumbir a la tentación de copiarlo. Es importante ser consciente de este peligro oculto. Esa ejecución podría ser el resultado de un considerable número de lecturas y audiciones por parte del intérprete, además de muchas horas de práctica lenta y concienzuda al teclado. Copiarla servilmente, por tentadora que sea la idea, no puede capturar la reflexión, la comprensión y el esfuerzo que se hizo para conseguirla. Y sin eso la copia nunca puede ser satisfactoria; la chispa esencial, que es generada por el estudio, se perdería. Su propia chispa, cuidadosamente encendida, podría no arder nunca de una forma tan brillante como la del intérprete que ha escuchado, pero si escucha provechosamente por lo menos podrá convertirse en una llama en lugar de seguir siendo unas brasas que arden lenta y tétricamente.

¿Qué necesita hacer realmente? Necesita un reproductor de CD o un cassette en los que pueda repetir unos cuantos compases de música. La grabación debería ser lo mejor posible, y reproducida en un sistema de amplificación que ofrezca un rango de frecuencias lo más ancho posible. Si se pierden las frecuencias altas el inicio transitorio de las notas no será seco y claro, y el sonido general, aunque bastante lleno, no será incisivo; un sonido borroso tiene la tendencia a tapar muchos de los detalles de calidad que son los que usted debe escuchar.

Además de un equipo con buen sonido, sería perfecto que tuviera una partitura de la música que escucha. Si se trata de una obra que está estudiando es obvio que la tendrá; si bien no es absolutamente esencial, sí que es bastante deseable tener la partitura mientras escuchamos la pieza. Además necesitará, por supuesto, como mínimo una grabación de la obra que quiere escuchar. Si puede obtener más de una interpretación lo mejor es que difieran lo más posible entre sí. Si sólo puede obtener una grabación podrá aprender muchas cosas de ella sin necesidad de copiarla directamente, pero si puede compararla con otra aprenderá mucho más. No rehúya grabarse a sí mismo. Si su interpretación o parte de ella es soportable, grábela y escúchela. Usted está intentando desarrollar una aproximación a su capacidad de escuchar crítica y constructivamente, y puede analizar tanto una ejecución excelente como otra más imperfecta. Su crítica de una ejecución menos conseguida podría ofrecerle incluso un radio de acción mayor para el comentario constructivo.

He listado algunos de los aspectos que deben escucharse. No es una lista exhaustiva, ya que no es mi intención que sirva para ir tachando nombres mientras va escuchando. Su propósito es dirigir sus pensamientos y su atención a los tipos de detalles que le ayudarán a crear, y a poner en práctica, su propia imagen auditiva. Conforme su habilidad crítica se vaya desarrollando, será capaz de pulir algunas de estas sugerencias y añadirá otras que formarán una base sólida para seguir trabajando. He presentado mis observaciones en epígrafes separados con la esperanza de que eso focalizará su atención en ciertas áreas importantes.

Las notas correctas

Si dispone de varias partituras o de varias grabaciones podría encontrarse con algunas notas diferentes. La edición que use debería contener alguna referencia a las variantes usuales con alguna explicación de por qué tales variantes existen.

Si se trata de una obra que está estudiando, podría encontrarse con que ha estado interpretando incorrectamente algunas notas. Es sorprendente lo a menudo que se desliza alguna nota incorrecta. Puede que usted leyese mal esa nota desde un principio, o quizá la leyera bien inicialmente y el error se produjo después de un periodo de tiempo y se hizo tan familiar que la nota correcta le suena desconcertante. Este es uno de los usos más prosaicos y mecánicos de una grabación, pero es tan útil como revelador.

Adornos

Los adornos han sido comentados en un epígrafe independiente, donde quedó claro que pueden ser tratados de muchas formas distintas. Escuchar a un pianista profesional puede ayudar de diferentes modos, aunque su interpretación no debería ser aceptada como la única correcta. Podría ocurrir que los adornos de la grabación no coincidiesen con la posición que ocupan en su partitura. Una edición moderna y autorizada podría explicar eso. Incluso si se encontrasen en la misma posición podría ocurrir que los adornos no fuesen los mismos que hay en su partitura. Todo lo que puede colegir con seguridad es que un adorno del tipo y en el lugar en que se toca es aceptable. Con la información de que dispone debe decidir, entonces, cuál es el que prefiere. Es más importante escuchar cómo se tocan los adornos. Escuche con atención qué posición ocupan. ¿Están encima, antes o después del tiempo? ¿Cuántas repeticiones tienen los trinos? ¿Cuál es el tratamiento que se da al inicio y al final de los adornos? ¿Empieza con la misma nota que está escrita o con la superior? ¿Termina bruscamente? Si no es así, ¿cómo termina? ¿A qué velocidad se toca? Éste es el tipo de información que puede ser de ayuda real para formar su imagen auditiva, pero podría necesitar escuchar muchas veces un adorno particular antes de poder desenredar cada uno de sus pequeños detalles, en particular cuando se toca rápidamente.

Elementos melódicos o armónicos de importancia

Preste atención a cómo el intérprete dirige la atención a las melodías importantes; no sólo a las melodías principales, sino también a las subordinadas, a las melodías opuestas e incluso a las pocas notas que ocasionalmente asumen una relevancia fugaz. A veces la partitura no muestra con claridad esos elementos subordinados. Si es así, no sería malo hacer referencia a ellos en su partitura, sea o no su intención usarlos.

Si dispone de más de una grabación, es interesante anotar
qué elementos consideran importantes los artistas, y no sólo eso,
tome nota de cómo cada uno de ellos le hace ser consciente de
que lo que percibe es importante. ¿Lo hace mediante el volumen, enfatizando ese elemento o apagando los menos importantes? ¿Mediante el fraseo? ¿Lo hace usando diferentes tipos de
ataque? ¿Mediante un *rubato*? Y si no lo consigue de ninguna
de estas formas, ¿cómo lo hace?

Resaltar

Ya hemos descrito los métodos usados para resaltar. Cuando
un elemento es tratado de este modo se necesita alguna preparación para ajustarlo con lo que venía antes y con lo que sigue. Podría ser necesario escucharlo unas cuantas veces con
cuidado para establecer exactamente cómo se ha conseguido.
Su primera impresión quizás sea incorrecta y podrían ser necesarias unas cuantas repeticiones para establecer con precisión qué está pasando. De la misma forma que ha escuchado
lo que ha sido destacado, debe examinar lo que se ha subor-
dinado. Preste atención también a las notas inmediatamente
anteriores y posteriores al fragmento resaltado para ver cómo
las han ajustado. Intente detectar cualquier alteración en la
velocidad, aunque sea insignificante. ¿Están un poco más espaciadas las notas? ¿Hay alguna alteración general del volumen inmediatamente antes o después de las notas destaca-
das? Si es así, ¿es repentina o gradual? Éstos son los detalles
que debe buscar.

Las frases

Ya hemos hablado de las frases en el capítulo 7. Recordando lo
que dijimos entonces, piense en la forma en que los pianistas le

hacen ser consciente de cada frase; el volumen, el sonido y la ruptura de la continuidad son algunas de las posibilidades, así como cualquier combinación de ellas.

Fíjese en la forma de las frases, en cómo se acercan hacia los puntos climáticos y cómo se alejan de ellos. Dado que cada frase terminará con algún tipo de cadencia, ¿cómo se hace patente la resolución o la carencia de ella?

Es necesario que haya un equilibrio en la frase. Aunque las frases mismas, su importancia relativa y sus duraciones son establecidas por el autor, todo tiene que ser transmitido al oyente. ¿Cómo ha conseguido esto el pianista? De nuevo se encontrará pensando en términos de variación del volumen, del sonido y de la velocidad, y en sus posibles combinaciones. Intente ser lo más específico posible, particularmente acerca de la forma en que las frases son moldeadas, ajustadas entre sí y contrastadas.

Espaciar y emplazar

Las técnicas para espaciar y emplazar las notas usadas por los pianistas profesionales merecen un estudio más detallado. Espaciar es algo que se usa con frecuencia al hablar. La claridad y el énfasis pueden ser reforzados al separar cuidadosamente las palabras y alargar ligeramente los espacios entre ellas. De este modo se destacan delicadamente unas palabras en particular, sin la necesidad de incrementar el volumen. En música se usa la misma técnica. Si se hace con habilidad, el espaciado produce el efecto de un *ritenuto* muy discreto (véase pág. 131) sin que disminuya la velocidad. A veces podría necesitar escuchar atentamente la grabación, ya que el secreto de su éxito es que, a menos que se sepa, es difícil detectar cómo se produce el efecto.

Emplazar es muy similar, con la excepción de que normalmente afecta sólo a una nota o acorde (de lo contrario se trataría, por supuesto, de un espaciado). La nota o el acorde emplazado se toca con firmeza, deliberadamente, y ligeramente tarde, a pesar de que no necesita ser particularmente fuerte. Como con el espaciado, la intención al emplazar es resaltar; la fuerza no siempre es necesaria. No es posible enumerar todos los lugares en los que es posible que haya un emplazamiento, pero uno de ellos es la nota que está en el vértice de una frase. Del mismo modo que la piedra angular de un arco sujeta todo ese arco, una nota cuidadosamente emplazada en el vértice puede conferir unidad a toda la frase.

Encontrará muchos ejemplos de notas espaciadas y emplazadas. Búsquelas y aprenda cómo usar las técnicas con naturalidad y sin ostentación ni sensiblería.

Acentos

Toda pieza musical tiene una signatura que indica que tiene 2, 3, 4 o más tiempos por compás. ¿Cómo puede transmitir el pianista esta información sin marcar un acento perceptible al principio de cada compás (algo que desmenuzaría el flujo de la música)? Esto tiene mucho que ver con el fraseo. Así como hay frases débiles y frases fuertes, ¿existen compases débiles y compases fuertes? A veces el compás de vals puede sonar más como un 6/8 que como un 3/4, cuando un compás fuerte es seguido por uno débil, un efecto que puede ayudar a enmascarar lo que podría convertirse en una repetición monótona a la vez que preserva el ritmo general.

El impulso rítmico

Una sensación que se tiene inmediatamente al tocar con buenos músicos es el impulso rítmico de la música. No se trata sólo de que el *tempo* o la pulsación se mantenga —como ocurre constante y forzadamente en la mayoría de la música pop, lo que puede resultar tedioso—, sino de la inevitabilidad del próximo punto de clímax o reposo. Intente averiguar cómo se consigue y mantiene ese control rítmico sin que resulte monótono. ¿En qué medida está relacionado con el acento, que le fuerza a prestar atención al ritmo o a su ausencia, lo que hace que la frase parezca engañosamente larga? Es difícil «dar forma» rítmicamente a la música mediante ligeras alteraciones de la velocidad sin crear una sensación de incertidumbre e inseguridad rítmica, o la sensación de que la música está siendo acelerada y de que se está a punto de perder el control. ¿Cómo se consigue «dar forma» en la interpretación que está estudiando? ¿Hay algún ligero «sostenimiento» cuando un punto climático está próximo para que no sea alcanzado demasiado pronto? Intente averiguar por qué parece que el ritmo sea inevitable sin resultar monótono.

Rubato

¿Se parece el control del *rubato* del pianista de su grabación a los métodos defendidos por Mozart y Chopin? ¿La mano izquierda sigue estrictamente el tiempo mientras que la mano derecha lo abandona elegantemente? ¿O en cambio el ritmo es alterado en ambas manos y se consigue un efecto de continuidad y mantenimiento del *tempo* por un retorno inmediato a la velocidad original? Este retorno, ¿parece ser controlado y conducido más por la mano izquierda que por la derecha? ¿O produce una sensación general de que ambas manos tienen una participación similar en el retorno a la velocidad original? Podría ser cualquiera de estas posibilidades, y el método usado podría variar a lo largo de la pieza, según las circunstancias. ¿Puede detectar exactamente cómo es en cada ocasión?

Dinámica

El control comprensivo de la dinámica es vital, no sólo para crear el carácter de la música, sino también para la formación del so-

nido. Examine la dinámica de la interpretación de la grabación. ¿Se corresponde con la de su partitura? Pudiera ser que
no, pero eso no significa que el intérprete esté equivocado.
Dado que la dinámica puede variar de una edición a otra, no
hay forma de saber si es el intérprete de la grabación o el editor de la partitura quien se ha aproximado más a las intenciones del compositor. Lo que puede ser provechoso es intentar
establecer si las marcas de dinámica usadas son absolutas o
relativas, con lo cual quiero decir si una indicación de *piano*
o de *forte* tiene siempre una intensidad similar durante el curso de toda la pieza, o si hay algunos *pianos* o *fortes* más fuertes o suaves que los otros. Los intérpretes deben tener libertad para expresar la música tal como les parezca, por lo que
es probable que en el curso de una pieza varíe la intensidad con
que se tocan signos dinámicos similares. Son los detalles de este
tipo los que se pueden aprender, y que resultan útiles, de los
pianistas reputados.

Arquitectura

Ya hemos mencionado la necesidad estructural de la repetición
en una composición musical, junto con la sugerencia de que esas
repeticiones deberían tocarse de una forma conveniente a la posición que ocupan. La manera en que las características melódi-
cas y armónicas importantes son presentadas en su primera aparición, y su tratamiento cuando reaparecen posteriormente a lo
largo de la obra, puede revelar muchos de los secretos de una
buena ejecución. Preste atención a cualquier variación de que se
valga el intérprete, ya sea del ataque, el sonido, la dinámica o la
velocidad, por insignificante que sea, y téngala presente cuando
construya su imagen auditiva de la pieza. En particular, sea consciente de cómo algunos de los sutiles cambios realzan el carácter de la música y hacen que su forma musical sea más satisfactoria. Mediante el uso sensible de materiales musicales que son

similares se pueden conseguir muchos y diversos efectos, como, por ejemplo, desarrollar la tensión hacia un clímax, induciendo un efecto calmante conforme se aproxima el final de la sección o el final de la pieza. Una escucha cuidadosa también le ayudará a conseguirlo.

Velocidad

«La velocidad mata» es un consejo que se da a menudo a los motociclistas. También sería un buen consejo para los pianistas. La velocidad a la que muchos pianistas profesionales tocan obras conocidas a menudo fomenta la creencia de muchos aspirantes a pianistas de que una velocidad alta es esencial. Tal velocidad sólo se consigue después de muchos años de práctica y no siempre está justificada. Lamento decir que he oído grabaciones echadas a perder por una velocidad excesiva. Los pequeños detalles llegan y se van antes de que su importancia pueda ser adecuadamente asimilada, para detrimento de la música. Este punto de vista no es sólo mío. La velocidad puede ser algo excitante, pero también puede dar lugar a interpretaciones que, musicalmente, son menos que satisfactorias. Mi crítica no se aplica a todos los pianistas. Claudio Arrau, por ejemplo, a veces es criticado por usar *tempos* que son inusualmente lentos (¡intente emularlo!). Pero es capaz de transmitir el espíritu y la excitación de la pieza considerando el carácter y forma de cada frase, sin aumentar la velocidad. «Bravo», afirmo, no se podría hacer mejor cumplido a ningún músico que decir que ha considerado el carácter y la forma de cada frase. Todos haríamos bien en seguir este ejemplo y resistirnos al deseo de ser uno de los pianistas más rápidos del mundo. A Mozart no le impresionaba una velocidad excesiva, como comenta en sus cartas acerca de la interpretación que hizo de uno de sus conciertos (de Mozart) Abt Vogler: «la velocidad mata»; en el fondo es la musicalidad lo que impresiona.

Una vez haya construido su imagen auditiva, úsela. Empiece por leer la partitura de la pieza e imaginándose a sí mismo tocándola. Intente sentir lo que sería tocar la obra y captar en sus dedos las sensaciones reales que tendrá al tocar las notas. Si le resulta útil, use algún tipo de superficie dura para «tocar» sobre ella. Hágalo por secciones cortas y después transfiéralo a un teclado real. Sea crítico con el resultado. Cuando crea que es capaz, grabe su ejecución. Recuerde que no está haciendo un registro para ponerlo a la venta, sino que se trata de una ayuda al aprendizaje. Cuando escuche la grabación (no es necesario que sea de la pieza entera) aplique a su ejecución el mismo estándar crítico que aplicó a las de los pianistas profesionales. Busque cada detalle que no concuerde con la imagen auditiva y averigüe por qué es así. Aunque esto podría parecer un trabajo destructivo, no lo es. Puede ser muy satisfactorio localizar y extirpar los errores. Pero no se sorprenda si, ocasionalmente, la desviación de su ejecución respecto a la imagen auditiva es una mejora. Si ha hecho bien su trabajo, si ha sido cuidadoso con los detalles y, durante la grabación, ha sido capaz de dejarse llevar por la música, puede que se encuentre con que ha alcanzado una comprensión de la música mayor de lo que creía posible. En resumen, podría encontrarse con que, al menos en algunos fragmentos de la pieza, realmente está «actuando». Si es así, sentirá que todo su trabajo ha merecido la pena.

Preguntas

1. *¿Por qué es preferible, al escoger una pieza nueva, que nunca la haya intentado tocar anteriormente?*
2. *Si ya ha intentado tocarla antes, ¿para qué debe estar usted preparado y por qué?*
3. *¿Por qué es ventajoso al aprender una pieza nueva tener a mano una pieza ya conocida?*
4. *¿Puede resultar útil tener disponible sobre el piano un lápiz y una goma? ¿Por qué?*
5. *¿Qué tipo de información podría buscar en un libro de elementos musicales básicos?*
6. *¿Cómo puede ser útil estudiar la partitura sin el teclado?*
7. *¿Por qué debería dividir la pieza nueva en fragmentos de tamaño manejables antes de empezar el proceso de aprendizaje?*
8. *¿A qué tentaciones debería resistirse?*
9. *Una vez ha seleccionado las divisiones de la pieza nueva, ¿cuál es el siguiente paso?*
10. *¿Por qué siempre es prudente considerar la digitación sugerida en la partitura?*
11. *¿Debería alterar siempre las digitaciones sugeridas?*
12. *¿Por qué debería empezar a practicar a una velocidad muy lenta?*
13. *¿Por qué, incluso en esta etapa temprana, debería intentar tocar las notas sin inexactitudes ni titubeos, y como podría conseguirlo?*
14. *¿Cuáles son las ventajas de separar el aprendizaje de las notas y el del ritmo, al empezar a estudiar?*
15. *¿Qué procedimientos debería seguir cuando comienza a aprender el tempo y los ritmos correctos?*
16. *¿Cuáles son las ventajas y desventajas de trabajar con metrónomo?*
17. *¿Por qué es necesario un estudio en más detalle de la partitura con el teclado para la primera lectura de la pieza?*

18. *¿Cómo puede su libro de elementos básicos ser útil durante ese estudio más detallado?*

19. *¿Por qué es tan importante, en esta primera etapa, que examine el significado de los términos que encuentre en la partitura?*

20. *¿Qué pasos iniciales debería dar para prevenir errores al tocar adornos?*

21. *¿Por qué es importante ver que la digitación está firmemente establecida antes de que intente colocar un ornamento en el contexto de la pieza?*

22. *¿Por qué tendría que anotar en particular la digitación de la primera y de la última nota del adorno?*

23. *¿Qué relación podría tener esto con los patrones de digitación que conducen al adorno y los que vienen después?*

24. *¿Cuáles son las ventajas de practicar el adorno fuera de contexto, lenta y firmemente?*

25. *¿Cómo encajaría después el adorno en el contexto de la pieza?*

26. *¿Cómo puede entrenarse parra tocar grupos irregulares de notas a tiempo?*

27. *¿Qué significa el término* imagen auditiva?

28. *¿Qué tipo de información relativa a los compositores puede ser de ayuda para construir una imagen auditiva?*

29. *¿Cómo pueden las historias generales,*
     a) ser útiles;
     b) ser engañosos
     para ayudarle a construir una imagen auditiva?

30. *¿De qué manera puede ser útil para la ejecución un estudio musical de la forma o arquitectura?*

31. *¿Cómo pueden los nombres de las obras darnos una idea de cómo deben tocarse? ¿Y cómo nos ayudan acerca de la ejecución de otras piezas?*

32. *¿Cuáles son los peligros de intentar copiar la ejecución de un pianista eminente?*

Podría encontrarse con que
realmente esté «actuando».

33. *¿Qué se puede aprender escuchando las ejecuciones de pianistas eminentes?*

34. *¿Cómo puede empezar a aprender por sí mismo a escuchar crítica y constructivamente?*

35. *¿Qué puede escuchar crítica y atentamente, en sus propias interpretaciones y en las de otros, que le enseñe cosas acerca de los siguientes aspectos de la ejecución?*

   a) Adornos.

   b) Hacer frente a los elementos melódicos y armónicos importantes.

   c) Resaltar.

   d) Construir frases.

   e) Espaciar y emplazar notas.

   f) El impulso rítmico y los acentos.

   g) Tratamiendo de la dinámica.

   h) Forma y arquitectura.

   i) Formas sensibles de usar y controlar la velocidad.

En la misma colección:

Taller de música:

Cómo potenciar la inteligencia de los niños con la música - *Joan Maria Martí*

Ser músico y disfrutar de la vida - *Joan Maria Martí*

Cómo preparar con éxito un concierto o audición - *Rafael García*

Técnica Alexander para músicos - *Rafael García*

Musicoterapia - *Gabriel Pereyra*

Cómo vivir sin dolor si eres músico - *Ana Velázquez*

El lenguaje musical -*Josep Jofré i Fradera*

Taller de teatro:

El miedo escénico - *Anna Cester*

La expresión corporal - *Jacques Choque*

Cómo montar un espectáculo teatral - *Miguel Casamayor y Mercè Sarrias*

Taller de escritura:

El escritor sin fronteras - *Mariano José Vázquez Alonso*

La novela corta y el relato breve - *Mariano José Vázquez Alonso*

Cómo escribir el guión que necesitas - *Miguel Casamayor y Mercè Sarrias*

Taller de comunicación:

Periodismo en internet - *Gabriel Jaraba*

Youtuber - *Gabriel Jaraba*